cuisine
express

cuisine express

Aude de Galard & Leslie Gogois

Photographies, Philippe Vaurès-Santamaria
Stylisme, Lissa Streeter

Avec la collaboration de Philips

sommaire

- 10   Un plat salé en moins de 15 min
- 48   Un dessert en moins de 15 min
- 62   Un plat salé en moins de 30 min
- 96   Un dessert en moins de 30 min
- 112 Je veux la technique !
- 118 À garder sous le coude

je veux la recette !

Une recette inratable / 150 g de dés de saumon fumé / Une variante pour un petit dîner entre amis / PRÉPARATION 9 MIN / Vous pouvez remplacer le reblochon par du saint-nectaire ou du brie / conservez la graisse de cuisson dans la poêle / Les ingrédients pour 4 personnes / Pour la vinaigrette / écrasez à la fourchette le Saint Môret avec la ciboulette / avec un vin du Sud-Ouest un peu charpenté / Testez cette entrée vitaminée... / mon petit truc de gourmande / TAGLIATELLES DE COURGETTES / cassez les œufs dans un saladier / Pendant ce temps / 1 filet de miel liquide / Une liqueur de framboises / Le truc de Stéphan / en moins de 15 minutes ! / Pour les amateurs de sensations fortes / petite sauce express à la coriandre / Ajoutez la poêlée de poivrons / simplissime à réaliser / FOUETTEZ-LA EN CRÈME CHANTILLY / À vous de trouver votre bon dosage de curry / Cuisson 11 min / Parsemez le tout d'amandes effilées / Tartines de viande des Grisons et tomme de brebis / Pour un dessert encore plus festif / Épluchez la gousse d'ail et hachez-la / POUSSES D'ÉPINARD À L'HUILE DE NOISETTE / 500 g de bœuf (pavé ou rumsteck) / 8 cuil. à soupe de pralin / Si vous n'avez pas d'origan

Mon tartare de saumon

PRÉPARATION 15 MIN | **COÛT** ★★ | **DIFFICULTÉ** ★

→ UNE RECETTE INRATABLE QU'ON A BREVETÉE PLUS D'UNE FOIS ET QUE NOS COPAINS RÉCLAMENT À TOUS LES COUPS. EN VOICI LES SECRETS...

1 Pressez le citron. Lavez et essorez le mesclun. Coupez les tomates confites en petits morceaux. Coupez la chair du saumon frais et les cornichons en tout petits morceaux. Épluchez et hachez finement les oignons. Lavez les brins d'aneth et coupez-les finement.

2 Dans un saladier, mélangez la mayonnaise avec les câpres, l'aneth, les oignons, les cornichons, le jus de citron et les deux saumons. Salez et poivrez. Formez quatre tartares, puis répartissez-les dans quatre assiettes.

3 Disposez tout autour la salade de mesclun, les pignons et les tomates. Assaisonnez la salade d'huile d'olive et de vinaigre balsamique et servez *illico presto*.

Astuce_ Vous pouvez remplacer l'aneth par de l'estragon. Pour gagner du temps, utilisez de l'aneth surgelé.

Les ingrédients pour 4 personnes

Pour le tartare de saumon
- 400 g de saumon frais sans arêtes
- 6 cornichons
- 3 petits oignons nouveaux
- 4 brins d'aneth
- 4 cuil. à soupe de mayonnaise
- 2 cuil. à soupe de câpres
- 200 g de dés de saumon fumé
- 1 citron vert
- sel et poivre

Pour la salade
- 4 poignées de mesclun
- 8 tomates confites
- 2 cuil. à soupe de pignons de pin
- 1 beau filet d'huile d'olive
- 1 beau filet de vinaigre balsamique

la botte secrète d'aude et leslie
La touche finale ? Disposez sur le dessus de chaque tartare quelques œufs de saumon et un petit brin d'aneth.

le truc de stéphan
Prenez plutôt la queue du saumon, moins grasse et plus ferme que le reste du poisson, et donc meilleure en tartare.

le tuyau de laurence
Une variante pour un petit dîner entre amis : vous pouvez ajouter 1 avocat coupé en petit dés et pourquoi pas aussi quelques dés de concombre.

Tartines de reblochon et jambon Serrano

PRÉPARATION 9 MIN | **CUISSON** 6 MIN | **COÛT** ★★ | **DIFFICULTÉ** ★

1 Préchauffez le gril du four. Lavez la courgette et coupez-la en fines rondelles. Épluchez la gousse d'ail, ôtez le germe s'il y en a un et hachez-la. Dans une poêle, faites chauffer l'huile d'olive. Ajoutez l'ail, puis les rondelles de courgette et faites revenir le tout 5 min.

2 Pendant ce temps, recouvrez la plaque du four de papier sulfurisé et disposez-y les tranches de pain. Ôtez la croûte du reblochon et coupez-le en tranches.

3 Quand les rondelles de courgette sont prêtes, répartissez-les sur les tranches de pain et recouvrez-les de lamelles de reblochon. Poivrez. Mettez les tartines au four 5 à 6 min jusqu'à ce que le fromage soit bien fondu. À la sortie du four, déposez une tranche de jambon Serrano en chiffonnade sur chaque tartine.

Les ingrédients pour 6 personnes
- 1 courgette
- 1 gousse d'ail
- 1 filet d'huile d'olive
- 6 belles tranches de pain de campagne ou de pain Poilâne
- 1 reblochon
- 6 belles tranches de jambon Serrano
- poivre

Astuces_ • Vous pouvez remplacer le reblochon par du saint-nectaire ou du brie. • Customisez vos tartines en ajoutant au choix des cerneaux de noix concassés ou des dés de cornichons. • Pour les mordus de fromage, laissez la croûte du reblochon.

la botte secrète d'aude et leslie
Pour une version toute crue, faites griller vos tranches de pain et tartinez-les de tsatziki. Garnissez-les ensuite de rondelles de concombre et de tranches de petit basque. Recouvrez le tout de jambon Serrano et c'est prêt !

le truc de stéphan
N'hésitez pas non plus à ajouter 1 ou 2 tomates confites sur ces tartines, personne ne s'en plaindra !

un plat salé en moins de 15 min

Salade de kiwis, crevettes, pamplemousses & Co.

PRÉPARATION 15 MIN | **COÛT** ★★ | **DIFFICULTÉ** ★

→ TESTEZ CETTE ENTRÉE VITAMINÉE... LA SAVEUR DES CREVETTES AVEC LES NOTES ACIDULÉES DE LA VINAIGRETTE RÉVEILLERAIT LES PAPILLES LES PLUS ENDORMIES !

1. Épluchez les kiwis et coupez-les en rondelles. Lavez le concombre et coupez-le en fines rondelles à l'aide d'une râpe. Lavez la mâche et essorez-la. Égouttez la feta et coupez-la en petits dés.

2. Coupez les pamplemousses en deux et pelez-les à vif ; pour cela, récupérez les quartiers en passant la lame d'un couteau entre les fines peaux blanches. Répartissez tous les ingrédients de la salade (y compris les crevettes) dans un saladier.

3. Pour la vinaigrette, pressez le citron vert. Versez le vinaigre dans un bol, salez et poivrez généreusement, puis versez l'huile et le jus de citron. Mélangez bien. Assaisonnez la salade juste avant de servir.

Les ingrédients pour 4 personnes

Pour la salade
2 kiwis
1 concombre
4 poignées de mâche
220 g de feta
2 pamplemousses roses
20 crevettes roses décortiquées

Pour la vinaigrette
1 citron vert
2 cuil. à soupe de vinaigre de riz
5 cuil. à soupe d'huile d'olive
sel et poivre

Astuces_ • Si vous souhaitez servir cette salade en plat unique, augmentez les proportions. • Pour plus de saveur, utilisez des crevettes fraîches que vous décortiquerez vous-même.

Pour varier_ Vous pouvez remplacer le vinaigre de riz par du vinaigre de vin blanc et la feta par des cubes de mozzarella.

le tuyau de laurence

Remplacez la mâche par de la roquette : son léger goût poivré se mariera à merveille avec toutes ces saveurs. Et si vous n'avez pas de petits bols, disposez votre salade dans vos moitiés de pamplemousse !

le verre de vin qui va bien

Avec cette salade toute en douceur, servez un blanc frais et léger. Proposez un vin de Savoie.

Tagliatelles de courgette, feta et magret de canard

PRÉPARATION 15 MIN | **COÛT** ★ | **DIFFICULTÉ** ★

→ VOICI UNE BELLE SALADE À SERVIR À TOUS VOS BRUNCHS ET AUTRES PIQUE-NIQUES. LES TAGLIATELLES DE COURGETTE SONT SIMPLISSIMES À RÉALISER ET EN METTRONT PLEIN LA VUE À VOS INVITÉS...

1. Épluchez les courgettes, puis à l'aide d'un couteau économe, formez des tagliatelles dans la chair sans mordre sur les pépins centraux. Déposez-les dans un saladier.

2. Égouttez la feta et coupez-la en morceaux. Concassez grossièrement les noisettes dans un mortier. Coupez le magret de canard en lanières à l'aide de ciseaux.

3. Pour la vinaigrette, lavez le basilic et coupez-le finement. Dans un bol, mélangez le vinaigre avec le poivre. Ajoutez l'huile d'olive, l'huile de noix et le basilic. Puis ajoutez tous les ingrédients (y compris les raisins secs) dans le saladier. Mélangez bien et servez sans attendre.

Les ingrédients pour 6 personnes

Pour la salade
6 courgettes
330 g de feta
2 poignées de noisettes
30 tranches de magret de canard fumé
2 poignées de raisins secs

Pour la vinaigrette
½ bouquet de basilic
8 cuil. à soupe de vinaigre de xérès
8 cuil. à soupe d'huile d'olive
8 cuil. à soupe d'huile de noix
poivre

Astuces_ • Vous pouvez supprimer l'huile de noix en la remplaçant par la même quantité d'huile d'olive. Si vous n'avez pas de vinaigre de xérès, utilisez du vinaigre balsamique. • Pour redonner du moelleux à vos raisins secs, trempez-les quelques instants dans un bol d'eau tiède.

Pour varier_ Troquez tout simplement la feta contre des cubes de roquefort ou des lichettes de gorgonzola.

le tuyau de laurence

Si vos copains ne sont pas très légumes, troquez les tagliatelles de courgette par des tagliatelles toute simples. C'est top aussi !

le verre de vin qui va bien

Servez ces originales tagliatelles avec un vin du Sud-Ouest un peu charpenté, un bergerac, par exemple.

Crevettes sautées à l'ail et aux fines herbes

PRÉPARATION 5 MIN | **CUISSON** 5 MIN | **COÛT** ★★ | **DIFFICULTÉ** ★

→ UN PLAT À LA FOIS *LIGHT* ET FESTIF… ON ADORE AUSSI SERVIR CETTE POÊLÉE DE CREVETTES À L'APÉRO. C'EST VRAI QU'ON S'EN MET PLEIN LES DOIGTS, MAIS QUEL DÉLICE !

1. Épluchez la gousse d'ail, ôtez le germe s'il y en a un et hachez-la. Lavez le basilic et le persil plat ; coupez-les finement.

2. Dans une grande poêle antiadhésive, faites chauffer l'huile. Ajoutez l'ail et faites-le revenir 2 à 3 min. Ajoutez les crevettes, le basilic, le sel et le poivre. Faites sauter le tout à feu vif 4 à 5 min en les remuant sans cesse. Parsemez les crevettes sautées de persil plat juste avant de servir.

Les ingrédients pour 4 personnes
- 1 gousse d'ail
- 6 brins de persil plat
- 6 brins de basilic
- 1 beau filet d'huile d'olive
- 32 crevettes roses fraîches
- sel et poivre

Astuces • Pour les plus paresseux, réalisez cette recette avec des crevettes cuites et décortiquées. Dans ce cas-là, réduisez un peu le temps de cuisson. Pour les plus téméraires, prévoyez 2 voire 3 gousses d'ail… • Pour gagner du temps, utilisez des fines herbes et de l'ail surgelés.

la botte secrète d'aude et leslie
Si vous n'avez pas d'herbes fraîches sous la main, rabattez-vous sur des herbes de Provence.

le tuyau de laurence
Si vous servez ces super crevettes à l'apéro, proposez à côté des petits verres de gaspacho. Pour les plus pressés, vous trouverez de délicieux gaspachos tout faits au rayon frais de vos magasins.

le verre de vin qui va bien
Avec ces crevettes essayez un vin qui change un peu. Tentez un bergerac rosé : certaines bouteilles sont vraiment très intéressantes.

un plat salé en moins de 15 min

recettepourépater...

Escalopes de foie gras poêlées

PRÉPARATION 5 MIN | **CUISSON** 5 MIN | **COÛT** ★★★ | **DIFFICULTÉ** ★

→ DIRE QU'IL NE FAUT QUE 10 MINUTES POUR ARRIVER À UN TEL RÉSULTAT.

1. Rincez les figues et coupez-les en quartiers. Farinez légèrement les escalopes de foie gras. Salez et poivrez.

2. Dans une poêle antiadhésive bien chaude, faites poêler les escalopes de foie gras 45 s de chaque côté à feu vif. Quand elles sont cuites, gardez-les au chaud entre deux assiettes et conservez la graisse de cuisson dans la poêle.

3. Ajoutez les figues dans la poêle et faites-les cuire 3 à 4 min en versant le miel à la fin de la cuisson. Servez les escalopes de foie gras avec les figues poêlées.

Les ingrédients pour 4 personnes
- 12 figues
- 1 cuil. à soupe de farine
- 8 petites escalopes de foie gras de canard
- 1 filet de miel liquide
- sel et poivre

Astuces_ • Quand vous poêlez votre foie gras, n'ajoutez aucune matière grasse et ne le saisissez pas plus de 45 s sinon il risque de fondre.
• Si vos figues sont petites, coupez-les en deux et non en quatre pour éviter qu'elles ne se décomposent lors de la cuisson.

la botte secrète d'aude et leslie

Quand ce n'est plus la saison des figues, ne vous privez pas pour autant de cette recette... Servez vos escalopes de foie gras avec un chutney de mangue, une compote de pomme à la vanille ou une poêlée de pomme.

le truc de stéphan

Veillez à ce que les escalopes de foie gras soient bien chaudes quand vous les servez. Vous pouvez les garder dans le four chaud (100 °C, th. 3-4) pendant que vous cuisez les figues.

Aiguillettes de canard au miel

PRÉPARATION 7 MIN | **CUISSON** 8 MIN | **COÛT** ★★ | **DIFFICULTÉ** ★

1. Épluchez l'oignon et les échalotes, et coupez-les finement. Dégraissez les magrets de canard et coupez-les en aiguillettes (petites lanières) à l'aide d'un bon couteau.

2. Dans une poêle antiadhésive bien chaude, faites fondre la moitié du beurre (25 g). Ajoutez l'oignon et les échalotes. Faites-les revenir 4 à 5 min. Ajoutez le vinaigre et le miel. Faites cuire 2 min en mélangeant régulièrement.

3. Pendant ce temps, faites fondre le reste de beurre dans une seconde poêle. Ajoutez les aiguillettes de canard et faites-les dorer 4 min en mélangeant régulièrement. Salez et poivrez. Versez par-dessus la préparation aux échalotes en remuant bien pour que le canard s'imprègne de la sauce. Servez chaud.

Les ingrédients pour 4 personnes
- 1 oignon
- 2 échalotes
- 2 magrets de canard (600 g environ au total)
- 50 g de beurre
- 5 cuil. à soupe de vinaigre de xérès
- 5 cuil. à soupe de miel liquide
- sel et poivre

Astuces_ • Si vous n'avez pas de vinaigre de xérès, troquez-le contre du vinaigre balsamique. • Pour gagner du temps, préparez cette recette avec des aiguillettes de canard toute prêtes. Certes un peu plus chères mais encore plus tendres... • Ce plat est au top servi avec un bol de riz blanc.

Pavé de cabillaud à la pancetta

PRÉPARATION 1 MIN **I CUISSON** 6 MIN **I COÛT** ★★ **I DIFFICULTÉ** ★

→ TESTEZ CETTE ASSOCIATION INÉDITE... EN 7 MINUTES TOP CHRONO, VOUS OBTIENDREZ UN PLAT AUSSI BLUFFANT QU'ÉPATANT.

1. Dans une grande poêle antiadhésive, faites chauffer l'huile. Ajoutez les pavés de cabillaud côté peau. Laissez cuire 1 min environ. Puis ajoutez les tranches de pancetta dans la poêle. Faites cuire 4 min.

2. À la fin de la cuisson, retournez chaque pavé côté chair et laissez cuire 30 s à 1 min. Poivrez et servez chaque pavé de poisson avec 4 tranches de pancetta croustillantes.

Les ingrédients pour 4 personnes
- 1 beau filet d'huile d'olive
- 4 pavés de cabillaud
- 16 tranches de pancetta
- poivre

Astuces_ • Vous pouvez remplacer la pancetta par des petits lardons grillés. Tout aussi bon ! • Pour cette recette, pensez aussi aux dos de cabillaud surgelés.

la botte secrète d'aude et leslie
Une recette idéale avec une poêlée de courgettes à l'huile d'olive ou une belle purée de pommes de terre.

le tuyau de laurence
Voici une note festive pour un petit dîner : versez 10 cl de crème liquide bien froide dans un bol froid et fouettez-la au batteur électrique pour obtenir une chantilly. Salez, poivrez et ajoutez de la ciboulette finement coupée. Disposez 1 cuil. à café de cette crème sur la pancetta au moment de servir.

le verre de vin qui va bien
Le rouge et le poisson, ça marche ! Servez un valpolicella.

Steak de thon au poivre et sauce minute à la coriandre

PRÉPARATION 8 MIN | **CUISSON** 6 MIN | **COÛT** ★★ | **DIFFICULTÉ** ★

→ ON A INVENTÉ CETTE PETITE SAUCE EXPRESS À LA CORIANDRE LA DERNIÈRE FOIS QU'ON A REÇU DES COPAINS À DÎNER. À CROIRE QUE LA TESTER, C'EST L'ADOPTER !

1 Lavez et coupez finement la coriandre. Rincez les steaks de thon et salez-les. Répartissez le poivre dans une assiette, puis roulez-y les steaks de thon sur les deux faces en appuyant bien pour faire adhérer le poivre.

2 Dans une grande poêle antiadhésive, faites chauffer les 3 cuil. à soupe d'huile. Ajoutez le thon et laissez cuire 2 à 3 min sur chaque face.

3 Pendant ce temps, pressez le citron vert. Dans un bol, mélangez le jus de citron avec les 8 cuil. à soupe d'huile et le vinaigre. Ajoutez la coriandre finement coupée.

4 Quand les steaks de thon sont cuits, répartissez-les dans quatre assiettes et accompagnez-les de quatre ramequins de sauce à la coriandre.

Les ingrédients pour 4 personnes
Pour les steaks de thon
4 steaks de thon
4 cuil. à café de poivre concassé
3 cuil. à soupe d'huile d'olive
sel

Pour la sauce à la coriandre
½ botte de coriandre
½ citron vert
8 cuil. à soupe d'huile d'olive
3 cuil. à soupe de vinaigre balsamique

Astuce_ Pour les amateurs de sensations fortes, prévoyez 4 cuil. à soupe de poivre concassé.

Pour varier_ Steaks de thon en croûte de sésame. Roulez vos steaks de thon dans 4 cuil. à soupe de graines de sésame. Dans ce cas-là, supprimez le poivre évidemment !

la botte secrète d'aude et leslie
Pour une version extra-*light*, servez vos steaks de thon avec une sauce au yaourt : mélangez 2 yaourts blancs avec 1 cuil. à soupe de mayonnaise, 6 cuil. à soupe de coriandre finement coupée et 1 cuil. à café de moutarde forte. Salez, poivrez et c'est prêt !

le tuyau de laurence
Ajoutez ½ cuil. à café de gingembre frais pelé et haché, et la touche exotique sera à son summum !

Omelette *spicy* au chorizo

PRÉPARATION 7 MIN | **CUISSON** 8 MIN | **COÛT** ★ | **DIFFICULTÉ** ★

→ UNE OMELETTE QUI SORT DES SENTIERS BATTUS POUR RENDRE VOS SOIRÉES DU DIMANCHE *SO HOT*...

1 Égouttez bien les poivrons et coupez-les en morceaux. Coupez le chorizo en petits morceaux. Dans une poêle antiadhésive, faites chauffer l'huile. Ajoutez le poivron et faites-le revenir 3 à 4 min environ. Remuez régulièrement.

2 Pendant ce temps, cassez les œufs dans un saladier, versez le lait et poivrez légèrement. Puis battez le tout en omelette à l'aide d'une fourchette ou d'un fouet. Ajoutez le chorizo et mélangez bien.

3 Quand le poivron est prêt, versez les œufs battus dans la poêle. Mélangez délicatement à l'aide d'une cuillère en bois, puis laissez prendre l'omelette à feu moyen 3 à 4 min environ. Pliez-la en deux, faites-la glisser dans un plat et servez *illico presto*.

Les ingrédients pour 4 personnes
- 1 bocal de poivrons rouges
- 130 g de chorizo piquant
- 4 cuil. à soupe d'huile d'olive
- 10 œufs
- 2 cuil. à soupe de lait
- poivre

Astuces_ • Quand vous n'avez pas de chorizo sous la main, remplacez-le par des merguez grillées à la poêle et coupées en morceaux. • Et pour les papilles sensibles, utilisez du chorizo doux.

Pour varier_ Variez les plaisirs en troquant le poivron rouge contre des pimientos (petits poivrons rouges). Saveurs espagnoles garanties...

la botte secrète d'aude et leslie
Pour un petit plus côté saveur, rajoutez ½ botte de persil finement coupé dans les œufs battus. Mmm...

le verre de vin qui va bien
Avec cette omelette corsée servez un rioja.

Bar à l'aneth

PRÉPARATION 10 MIN | **CUISSON** 4 MIN | **COÛT** ★★ | **DIFFICULTÉ** ★

→ LE PETIT PLUS DE CETTE RECETTE ? LA SALADE DE POUSSES D'ÉPINARD À L'HUILE DE NOISETTE... AVEC CE FILET DE BAR À L'ANETH, VOUS FEREZ UN SANS-FAUTE.

1 Concassez grossièrement les noisettes dans un mortier. Dans un saladier, mélangez les deux huiles avec le vinaigre. Salez et poivrez. Ajoutez les pousses d'épinard et les noisettes. Mélangez bien et répartissez la salade dans six bols.

2 Dans une poêle antiadhésive, faites chauffer 1 beau filet d'huile d'olive à feu assez vif. Ajoutez les filets de bar côté peau et laissez-les cuire 3 min environ. Puis retournez-les et poursuivez la cuisson 1 min. Pendant ce temps, lavez et coupez finement l'aneth. Pressez le citron.

3 Quand les filets de bar sont cuits, salez-les et poivrez-les. Arrosez-les d'huile d'olive et de jus de citron. Puis parsemez d'aneth. Servez le tout accompagné de la salade de pousses d'épinard.

Les ingrédients pour 6 personnes

Pour le bar à l'aneth
2 filets d'huile d'olive
6 filets de bar avec leur peau
½ bouquet d'aneth
1 citron
sel et poivre

Pour la salade
2 poignées de noisettes
5 cuil. à soupe d'huile d'arachide
4 cuil. à soupe d'huile de noisette
4 cuil. à soupe de vinaigre de vin blanc
1 sachet de pousses d'épinard
sel et poivre

Astuces_ • Vous pouvez remplacer l'aneth par du basilic ou du persil plat.
• Pour gagner du temps, utilisez de l'aneth surgelé.

la botte secrète d'aude et leslie

Pour une petite note sucrée-salée, ajoutez 2 poignées de raisins secs dans la salade de pousses d'épinard.

le truc de stéphan

Il y a bar... et bar. Pour vraiment sortir le grand jeu, choisissez du bar de ligne, produit superbe, coûteux, aussi sain que bon.

Pennes aux 3 fromages et aux noisettes

PRÉPARATION 6 MIN | **CUISSON** 9 MIN | **COÛT** ★ | **DIFFICULTÉ** ★

→ POUR JOUER LA CARTE DE LA *DOLCE VITA*, PRÉPAREZ CETTE *PASTA* AUX 3 FROMAGES… ET SI EN PLUS VOUS LA PRÉCÉDEZ D'UNE ASSIETTE D'ANTIPASTI ET QUE VOUS BOUCLEZ L'AFFAIRE AVEC UN TIRAMISU (RECETTE P. 56), VOUS AUREZ TOUT BON !

1. Dans une casserole d'eau bouillante salée, faites cuire les pennes selon le temps indiqué sur le paquet (9 min environ).

2. Pendant ce temps, concassez les noisettes dans un mortier. Ôtez la croûte du gorgonzola, puis coupez-le en petits morceaux. Dans une casserole, faites chauffer la crème liquide à feu doux sans la faire bouillir.

3. Ajoutez les fromages dans la crème chaude en remuant sans cesse à l'aide d'un fouet. Une fois les fromages bien fondus, ajoutez la crème fraîche. Mélangez bien.

4. Quand les pâtes sont cuites, égouttez-les, déposez-les dans quatre assiettes creuses, puis nappez-les de sauce. Parsemez le tout de noisettes, poivrez généreusement et servez *illico presto*.

Les ingrédients pour 4 personnes
- 400 g de pennes
- 1 poignée de noisettes
- 130 g de gorgonzola
- 20 cl de crème liquide
- 130 g de parmesan râpé
- 130 g de gruyère râpé
- 3 cuil. à soupe de crème fraîche
- poivre

Astuces_ • Vous pouvez ajouter 1 cuil. à soupe d'huile d'olive lors de la cuisson des pennes pour éviter qu'elles ne collent. • Pas besoin de saler cette recette, les fromages le sont suffisamment.

la botte secrète d'aude et leslie
Comme on est très gourmandes, on adore ajouter des copeaux de jambon pata negra sur les pennes juste avant de servir…

le tuyau de laurence
Je vous donne mon petit truc de gourmande : je relève ces super pâtes d'1 poignée de roquette. Coupez-la finement comme des herbes, son parfum va s'exalter et vous en surprendrez plus d'un !

L'incontournable carpaccio de bœuf

PRÉPARATION 10 MIN | **COÛT** ★ | **DIFFICULTÉ** ★

→ CROYEZ-NOUS SUR PAROLE, IL SUFFIT DE FAIRE CETTE RECETTE UNE FOIS POUR RÉALISER À QUEL POINT C'EST FACILE DE SE LANCER DANS UN CARPACCIO MAISON...

1. Lavez et essorez la roquette. Dans un saladier, mélangez l'huile d'olive avec la tapenade. Poivrez. Ajoutez la roquette et mélangez bien. Répartissez-la ensuite dans quatre bols.

2. Disposez la viande en rosace dans quatre grandes assiettes. Arrosez chaque assiette de 2 cuil. à soupe d'huile d'olive et d'1 filet de citron. Salez légèrement et poivrez.

3. Réalisez des copeaux de parmesan à l'aide d'un couteau économe et répartissez-les sur la viande. Ajoutez les câpres. Servez avec la salade de roquette.

Les ingrédients pour 4 personnes

Pour le carpaccio
500 g de filet de bœuf coupé en carpaccio
10 cuil. à soupe d'huile d'olive
½ citron
150 g de parmesan (non râpé)
4 cuil. à soupe de câpres
sel et poivre

Pour la salade
1 sachet de roquette
1 beau filet d'huile d'olive
1 belle cuil. à soupe de tapenade d'olives noires
poivre

Astuces_ • Essayez de mettre la main sur des câpres italiennes plus grosses et encore meilleures. On en trouve chez les traiteurs italiens. • Pour aller encore plus vite, utilisez des copeaux de parmesan tout prêts en vente au rayon fromage des supermarchés. • Vous trouverez de la viande à carpaccio soit chez votre boucher, soit au rayon boucherie des supermarchés.

Pour varier_ Bien évidemment, n'hésitez pas à remplacer la tapenade d'olives noires par sa sœur, aux olives vertes.

la botte secrète d'aude et leslie
Pour servir votre carpaccio à l'apéro, enroulez chaque tranche de viande autour d'un gressin... C'est à croquer !

Bagel nordique

PRÉPARATION 15 MIN | **COÛT** ★★ | **DIFFICULTÉ** ★

→ VOICI LA RECETTE IDÉALE POUR LES SOIRS OÙ IL Y A DES TRUCS COOL À LA TÉLÉ... EN 15 MINUTES, VOUS OBTIENDREZ UN PLATEAU-TÉLÉ DE COMPET'...

1 Dans un bol, écrasez à la fourchette le Saint Môret avec la ciboulette et l'aneth. Poivrez généreusement.

2 Coupez les bagels en deux dans le sens de la longueur et passez-les au toaster. Puis tartinez la partie inférieure de chaque bagel avec la préparation au Saint Môret.

3 Pressez le citron. Coupez le flétan et le saumon en larges bandes que vous arroserez de jus de citron. Puis répartissez sur le Saint Môret, d'un côté le flétan, de l'autre le saumon. Recouvrez du chapeau, puis coupez les bagels en deux de façon à obtenir une moitié au saumon et l'autre au flétan.

Les ingrédients pour 4 personnes
- 220 g de Saint Môret
- 2 cuil. à soupe de ciboulette surgelée
- 2 cuil. à soupe d'aneth surgelé
- 4 bagels
- 1 citron vert
- 3 tranches de flétan fumé
- 3 tranches de saumon fumé
- poivre

Astuces_ • Pour un bagel encore plus gourmand, ajoutez quelques lamelles d'avocat entre le Saint Môret et le poisson fumé. • Vous pouvez remplacer le flétan par de la truite fumée. • Pour griller vos bagels, vous pouvez aussi les passer 5 min sous le gril du four. • Avec des bagels aux graines de sésame, c'est encore meilleur !

Pour varier_ Bagel guacamole et saumon. Il suffit de remplacer la préparation au Saint Môret par du guacamole, de retirer le flétan... et c'est prêt. Vous pouvez ajouter dans ce cas quelques petites crevettes roses avec le saumon fumé.

la botte secrète d'aude et leslie
Ajoutez quelques baies roses dans la préparation au Saint Môret... C'est un régal !

le verre de vin qui va bien
Servez ces bagels avec des petits verres d'aquavit ou de vodka glacés, à vider cul sec...

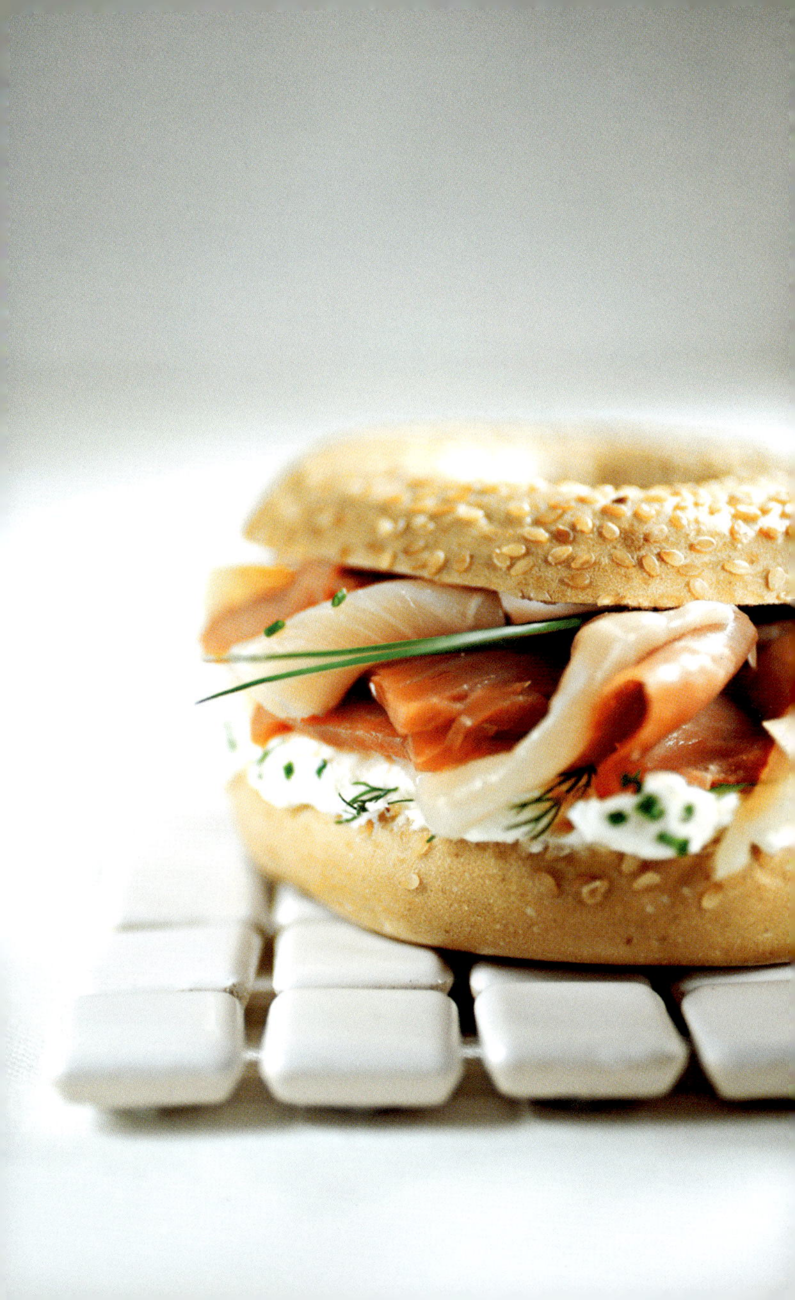

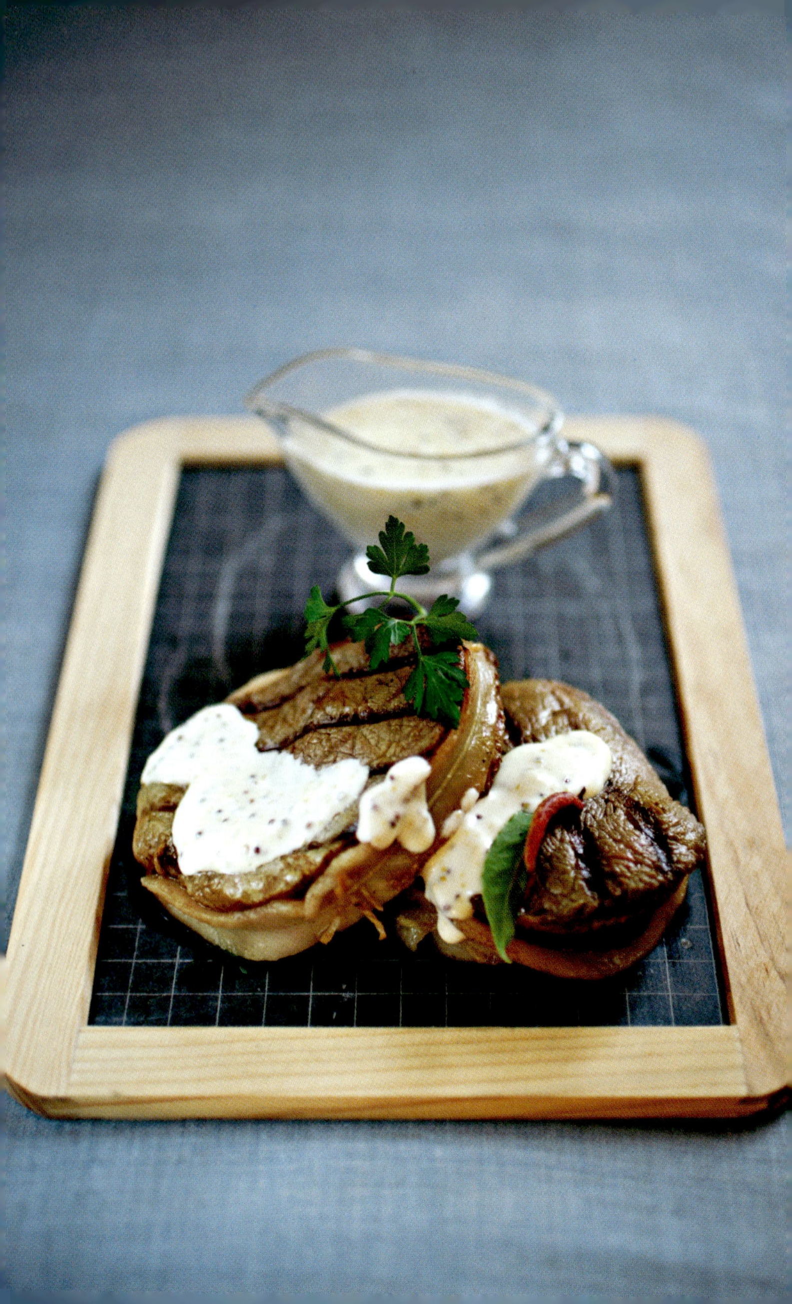

Filet de bœuf, sauce à la moutarde

PRÉPARATION 3 MIN | **CUISSON** 8 MIN | **COÛT** ★★ | **DIFFICULTÉ** ★

→ AVIS AUX FILLES : AVEC CETTE RECETTE VOUS FEREZ SUCCOMBER LES GARÇONS...

1 Épluchez la gousse d'ail et hachez-la après avoir ôté le germe s'il y en a un. Dans une poêle antiadhésive, faites chauffer le beurre. Ajoutez les filets de bœuf et faites-les cuire 3 min environ de chaque côté. Quand les filets sont cuits, gardez-les au chaud entre deux assiettes.

2 Dans la même poêle, ajoutez l'ail et faites-le revenir 1 min à feu moyen. Puis ajoutez le vin, la moutarde et le poivre concassé. Versez la crème fraîche et faites chauffer la sauce moutardée à feu vif jusqu'à ce qu'elle frémisse. Salez et mélangez bien. Puis laissez mijoter à feu doux 3 min jusqu'à ce que la sauce épaississe. Servez vos filets de bœuf nappés de sauce à la moutarde.

Les ingrédients pour 4 personnes
- 1 gousse d'ail
- 1 noisette de beurre
- 4 filets de bœuf (soit 700 g environ)
- 4 cuil. à soupe de vin blanc sec
- 5 cuil. à soupe de moutarde à l'ancienne
- 1 cuil. à soupe de poivre concassé
- 40 cl de crème fraîche
- sel

Astuces_ • À vous d'augmenter ou de diminuer le temps de cuisson de la viande en fonction de vos goûts. • Une recette au top avec des tagliatelles, de la purée, ou des haricots verts pour une version plus *light*.
• Pour une recette plus économique, utilisez du rumsteck ou du faux-filet.

le verre de vin qui va bien
Qui dit bonne viande, dit bon vin. Proposez un côte-rôtie...

Tartines de viande des Grisons et tomme de brebis

PRÉPARATION 13 MIN | **COÛT** ★ | **DIFFICULTÉ** ★

→ À SERVIR AVEC UNE BELLE SALADE DE MÂCHE À L'HEURE DU DÉJ'
OU EN MINI-BOUCHÉES À L'APÉRO...

1 Faites griller les tranches de pain au toaster. Ôtez la croûte de la tomme de brebis et coupez-la en tranches. Épluchez le demi-concombre, coupez-le en deux tronçons, puis détaillez-le en lamelles.

2 Tartinez le pain grillé de tapenade. Puis alternez viande des Grisons, lamelles de concombre et tomme de brebis jusqu'à épuisement des ingrédients. Servez *illico presto*.

Les ingrédients pour 4 personnes
- 4 tranches de pain de campagne ou pain Poilâne
- 220 g de tomme de brebis
- ½ concombre
- 4 cuil. à café bombées de tapenade d'olives vertes
- 8 tranches de viande des Grisons

Astuces_ • Au top avec une salade de mâche à l'huile de noix ou, pour une touche plus originale, une salade d'endives aux dés de pomme verte.
• Vous pouvez remplacer le concombre par des fines rondelles de tomate et la tomme de brebis par de la mozzarella.

Pour varier_ Remplacez la tapenade par 4 cuil. à soupe de purée d'artichaut et la tomme par des lamelles de coulommiers. Trop bon !

la botte secrète d'aude et leslie
Pensez aussi à réaliser cette recette sous forme de sandwiches pour vos pique-niques estivaux. Et testez-la avec des petits pains au pavot, au sésame ou même aux figues.

le verre de vin qui va bien
Pour accompagner cette viande des Grisons, proposez un beaujolais-villages ou mieux un morgon, vin charnu et moins fruité que le premier.

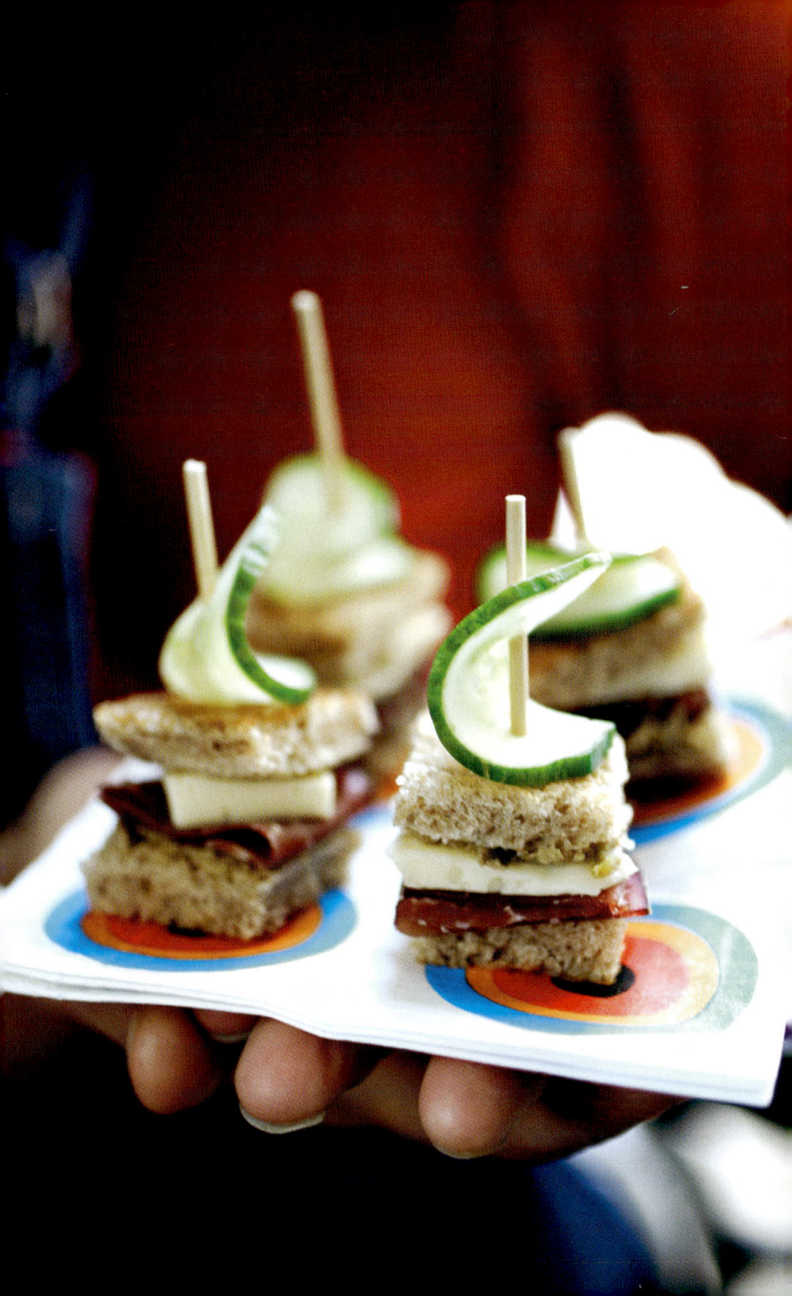

Tagliatelles au jambon de Parme et parmesan

PRÉPARATION 10 MIN | **CUISSON** 2 MIN | **COÛT** ★ | **DIFFICULTÉ** ★

→ LA CLÉ DE LA RÉUSSITE POUR CETTE RECETTE ? PLUS IL Y A DE PARMESAN, MEILLEUR C'EST... RÉSULTAT, N'HÉSITEZ PAS À AJOUTER QUELQUES COPEAUX JUSTE AVANT DE SERVIR.

1 Dégraissez le jambon de Parme, puis coupez-le en lamelles à l'aide de ciseaux. Lavez la sauge et coupez-la finement. Dans une grande casserole d'eau bouillante salée, faites cuire les tagliatelles comme indiqué sur le paquet (2 min environ).

2 Pendant ce temps, mélangez dans un bol la crème avec le parmesan et la sauge. Salez légèrement et poivrez généreusement.

3 Quand les pâtes sont cuites, égouttez-les, puis remettez-les dans la casserole. Versez la crème au parmesan et faites chauffer quelques instants en mélangeant bien. Répartissez les pâtes dans quatre assiettes creuses et parsemez le tout de lamelles de jambon de Parme.

Les ingrédients pour 4 personnes
- 8 tranches fines de jambon de Parme
- 8 feuilles de sauge
- 450 g de tagliatelles fraîches
- 30 cl de crème fraîche
- 130 g de parmesan râpé
- sel et poivre

Astuces_ • Ayez la main légère sur le sel car le parmesan et le jambon sont déjà bien salés. • Vous pouvez ajouter 1 cuil. à soupe d'huile d'olive lors de la cuisson des tagliatelles pour éviter qu'elles ne collent.

la botte secrète d'aude et leslie
Si vous mettez la main sur du pecorino, un délicieux fromage qu'on trouve chez les traiteurs italiens, râpez-le et zappez le parmesan. On a testé, on a adoré...

le tuyau de laurence
Moi mon petit truc, c'est de mettre un bouillon KUB ou de volaille dans l'eau de cuisson des pâtes, c'est top.

le verre de vin qui va bien
Le sancerre rouge, tout simple mais toujours agréable : le vin qui laisse parler les plats tout en s'affirmant... Bel équilibre.

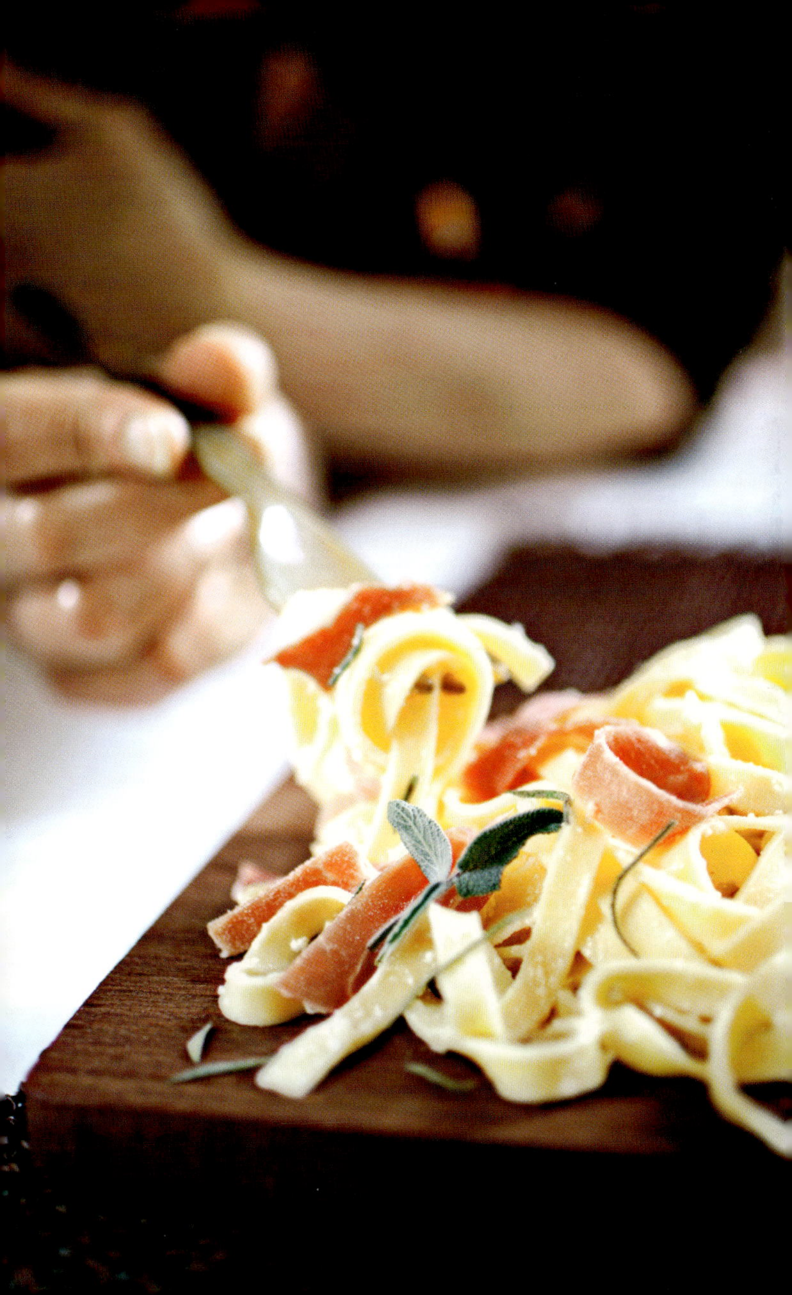

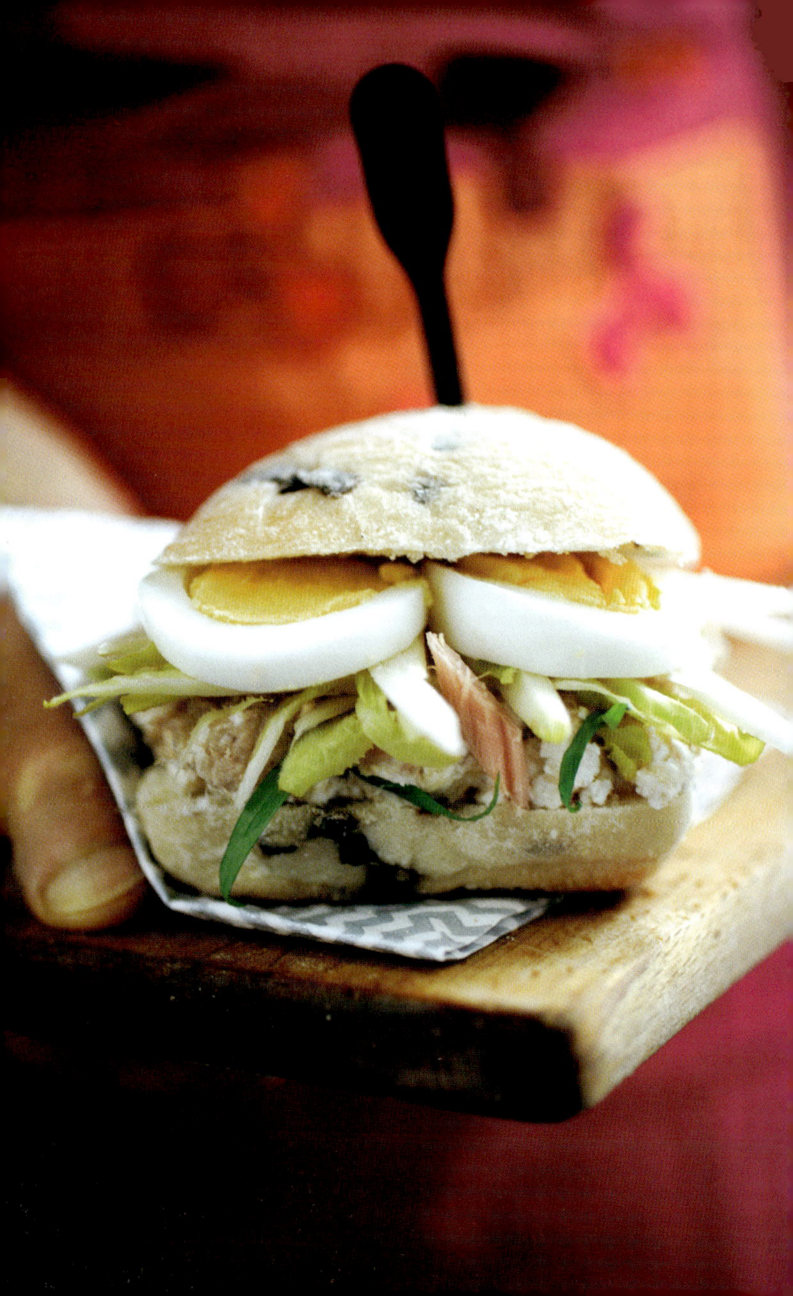

Sandwich moelleux au thon

PRÉPARATION 5 MIN **I CUISSON** 10 MIN **I COÛT** ★ **I DIFFICULTÉ** ★★

→ VOICI UNE PETITE RECETTE POUR TOUS VOS DÉJEUNERS SUR LE POUCE...

1. Dans une casserole d'eau bouillante, faites cuire les œufs 10 min jusqu'à ce qu'ils soient durs.

2. Pendant ce temps, préparez les rillettes de thon en commençant par égoutter le thon. Lavez l'estragon et coupez-le finement. Dans un bol, écrasez à la fourchette le thon avec les Carré Frais et l'estragon. Salez et poivrez. Puis arrosez d'huile d'olive. Mélangez bien.

3. Coupez les pains dans le sens de la longueur. Tartinez les quatre bases de rillettes de thon. Quand les œufs sont cuits, écalez-les sous l'eau froide, puis coupez-les en rondelles que vous ajouterez sur les rillettes de thon.

4. Coupez l'extrémité des endives et enlevez les premières feuilles abîmées. Détachez les feuilles suivantes et répartissez-les sur les rondelles d'œufs. Refermez le sandwich et servez.

Les ingrédients pour 4 personnes
2 œufs
2 grosses boîtes de thon au naturel (environ 280 g égoutté)
6 brins d'estragon
2 Carré Frais (200 g au total)
1 beau filet d'huile d'olive
4 pains longs individuels aux olives
1 endive
sel et poivre

Astuce_ À vous de trouver votre bon dosage pour l'huile d'olive dans les rillettes de thon : elles doivent être moelleuses mais pas liquides.

Pour varier_ Tout aussi délicieux avec de la ciabatta (pain italien qu'on trouve dans certaines boulangeries).

le truc de stéphan

Pour un sandwich remarquable (mais plus cher certes), faites cette recette avec le mojama espagnol : du filet de thon macéré et confit à l'huile d'olive...

Salade de farfalles, roquette, feta et tomates séchées

PRÉPARATION 6 MIN I **CUISSON** 9 MIN I **COÛT** ★ I **DIFFICULTÉ** ★

1. Dans une casserole d'eau bouillante salée, faites cuire les farfalles *al dente* comme indiqué sur le paquet (9 min environ).

2. Pendant ce temps, coupez la feta et les tomates séchées en morceaux. Lavez le basilic et la roquette, et coupez-les finement. Lavez les tomates cerise. Dans un bol, mélangez l'huile avec la sauce pesto rosso. Salez et poivrez.

3. Quand les pâtes sont cuites, égouttez-les bien, passez-les sous l'eau froide et égouttez-les à nouveau. Déposez-les dans un saladier et versez la sauce au pesto. Mélangez bien. Ajoutez les tomates confites, les tomates cerise, la feta, les pignons, la roquette et le basilic. Salez et poivrez. Mélangez à nouveau et servez.

Les ingrédients pour 4 à 6 personnes
- 500 g de farfalles (pâtes papillon)
- 300 g de feta
- 150 g de tomates séchées à l'huile d'olive
- 1 bouquet de basilic
- 2 poignées de roquette
- 300 g de tomates cerise
- 8 cuil. à soupe d'huile d'olive
- 2 cuil. à soupe de sauce pesto rosso
- 1 belle poignée de pignons de pin
- sel et poivre

Astuces_ • N'hésitez pas à ajouter 1 cuil. à soupe d'huile d'olive lors de la cuisson des pâtes pour éviter qu'elles ne collent. • Sachez que vous trouverez facilement des tomates séchées soit en bocal au supermarché, soit chez les traiteurs italiens.

Pour varier_ Cette recette est tout aussi bonne avec des fusillis, des pennes ou encore des rigatonis... Vous pouvez remplacer la feta par de la mozzarella et les tomates séchées par des tomates confites.

la botte secrète d'aude et leslie
Nous, on adore servir cette recette pour les plateaux télé entre copains. Délicieux avec une assiette de charcuterie italienne et un petit verre de chianti...

le verre de vin qui va bien
Et pourquoi pas un blanc racé avec cette petite composition ? J'ouvrirais un pouilly fumé avec plaisir...

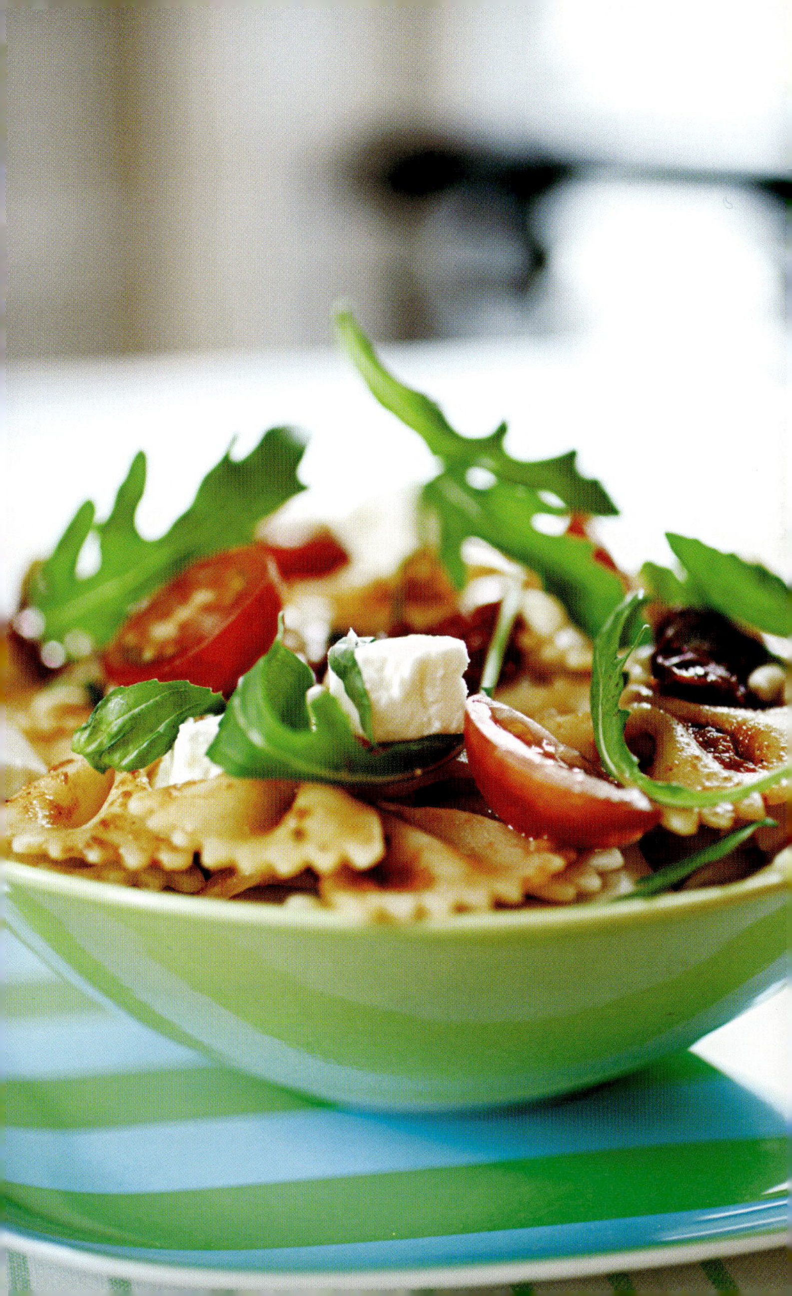

Profiteroles minute

PRÉPARATION 15 MIN | **COÛT** ★★ | **DIFFICULTÉ** ★

→ UNE RECETTE QUE NOTRE GOURMANDISE NOUS A INSPIRÉE... CES CHOUQUETTES GLACÉES FERONT L'UNANIMITÉ À TOUS VOS DÎNERS.

1. Concassez grossièrement les pistaches dans un mortier. Coupez les chouquettes en deux sans aller jusqu'au bout. Déposez 1 boule de glace dans chacune d'entre elles. Mettez au réfrigérateur le temps de préparer la sauce au chocolat.

2. Dans une casserole, faites fondre à feu doux le chocolat cassé en morceaux avec la crème liquide. Remuez régulièrement jusqu'à obtenir une sauce onctueuse.

3. Sortez vos chouquettes du réfrigérateur. Puis composez six assiettes avec 1 chouquette à la vanille, 1 à la pistache et 1 à la framboise. Nappez-les généreusement de chocolat chaud. Parsemez le tout de pistaches concassées. Servez les chouquettes avec le reste de sauce au chocolat présenté dans un pot.

Les ingrédients pour 6 personnes
- 18 chouquettes
- 6 boules de glace à la vanille
- 6 boules de glace à la pistache
- 6 boules de sorbet à la framboise
- 300 g de chocolat noir
- 10 cl de crème liquide
- 2 poignées de pistaches non salées

Astuces_ • Variez les parfums de glace en fonction de vos goûts et de votre congélateur. • Vous pouvez utiliser des choux que vous trouverez chez votre boulanger ou dans votre supermarché.

la botte secrète d'aude et leslie
Pour les dîners de filles, proposez une version plus *light* en troquant la sauce au chocolat contre un coulis de fruits rouges et en utilisant des sorbets uniquement.

le verre de vin qui va bien
Pas toujours facile de marier le chocolat. Essayez un pineau des Charentes servi juste frais : le contraste est très agréable.

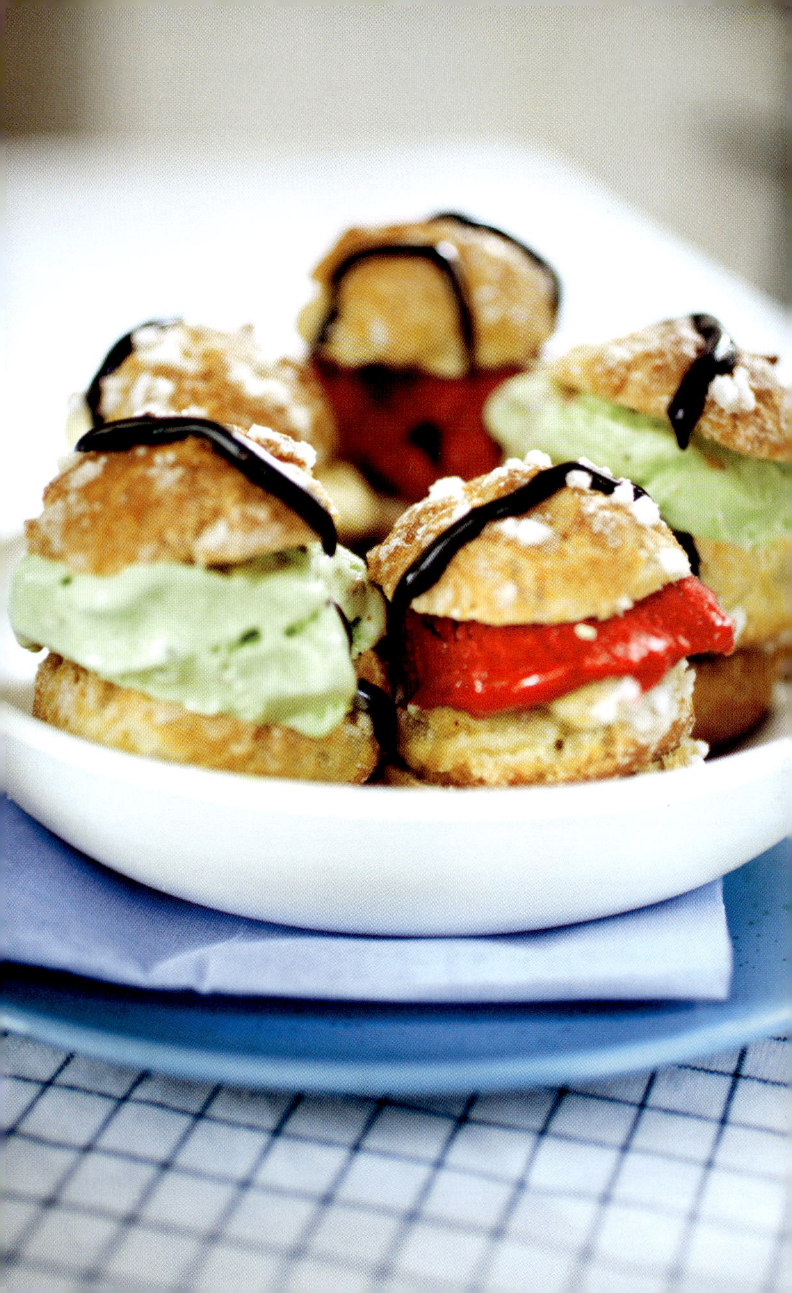

un dessert en moins de 15 min

recette**pour**épater...

Crumble poire-choco et pain d'épice

PRÉPARATION 7 MIN | **CUISSON** 8 MIN | **COÛT** ★ | **DIFFICULTÉ** ★ |
MATÉRIEL SPÉCIFIQUE 2 RAMEQUINS PLATS (TYPE CASSOLETTE)

→ VOICI UN DESSERT DE DERNIÈRE MINUTE À PARTAGER LES YEUX DANS LES YEUX...
UN DE NOS BEST-OF : LE PAIN D'ÉPICE DEVIENT CROUSTILLANT À SOUHAIT
ET LES PÉPITES DE CHOCOLAT SONT FONDANTES, C'EST JUSTE À SE DAMNER !

1 Préchauffez le four à 230 °C (th. 7-8). Faites fondre le beurre au micro-ondes. Passez les tranches de pain d'épice au toaster quelques instants. Quand elles sont grillées, émiettez-les dans un grand bol. Versez le beurre fondu et mélangez bien à l'aide d'une fourchette.

2 Égouttez les poires et coupez-les en petits morceaux que vous répartirez dans deux ramequins plats. Parsemez de pépites de chocolat. Puis répartissez la pâte au pain d'épice sur le dessus. Mettez au four 8 min environ. Servez chaud.

Les ingrédients pour 2 amoureux
50 g de beurre salé
4 tranches de pain d'épice
1 boîte de poires au sirop
   (environ 225 g égouttées)
2 cuil. à soupe bombées de pépites
   de chocolat

Astuce_ Vous pouvez remplacer le chocolat noir par du chocolat blanc ou au lait.

la botte secrète d'aude et leslie
Jouez la carte chaud-froid en posant sur chaque crumble 1 boule de glace à la vanille ou à la poire. C'est à tomber !

le truc de stéphan

Et pourquoi ne pas ajouter 1 petite pincée de mélange quatre-épices juste avant la cuisson ?

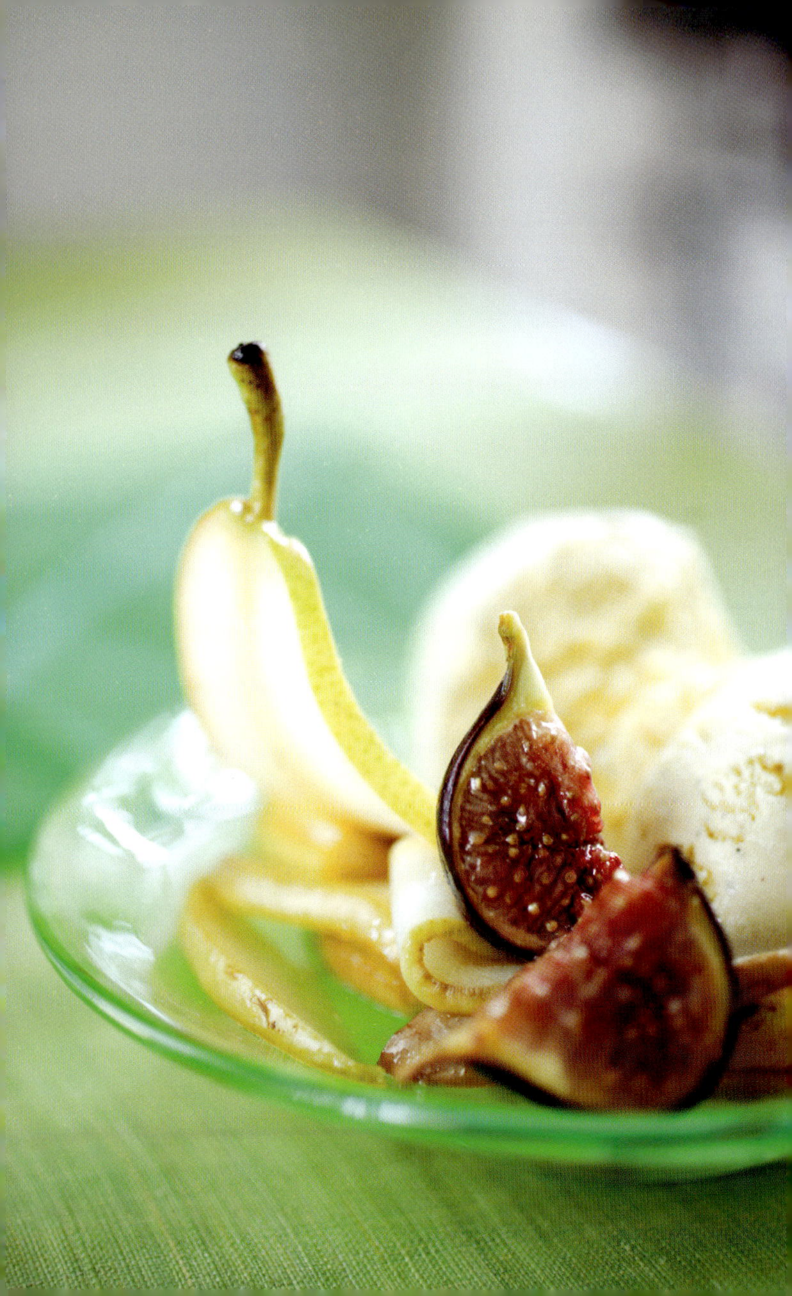

Papillotes de figues à la cannelle

PRÉPARATION 4 MIN I **CUISSON** 11 MIN I **COÛT** ★ I **DIFFICULTÉ** ★

→ CES PAPILLOTES INRATABLES EMBOBINERONT VOS PAPILLES… SERVEZ-LES AVEC DES CIGARETTES RUSSES À LA CHANTILLY (FONCEZ P. 61 POUR EN TROUVER LA RECETTE).

1 Préchauffez le four à 160 °C (th. 5-6). Épluchez les poires et coupez-les en dés. Rincez les figues et coupez-les en quartiers. Pressez le demi-citron.

2 Découpez quatre carrés de papier d'aluminium. Répartissez au centre les poires et les figues. Arrosez-les de jus de citron, saupoudrez-les de cannelle et de sucre roux. Refermez les papillotes en recourbant leurs bords. Mettez au four 11 min environ.

3 À la sortie du four, entrouvrez délicatement les papillotes, déposez au centre de chacune d'entre elles 1 boule de glace à la vanille et servez.

Les ingrédients pour 4 personnes
- 2 belles poires
- 8 figues mûres
- ½ citron
- 8 pincées de cannelle en poudre
- 4 cuil. à soupe bombées de sucre roux
- 4 boules de glace à la vanille

Astuces_
- Vous pouvez remplacer le sucre par 1 filet de miel liquide.
- Si vous n'avez pas de papier d'aluminium, utilisez du papier sulfurisé.

la botte secrète d'aude et leslie
Testez aussi cette recette avec 1 boule de glace aux spéculoos. On ne vous en dit pas plus…

le tuyau de laurence
Quand c'est la saison, troquez vos poires contre des pêches ou des brugnons. Pour une jolie présentation, saupoudrez-les de pistaches vertes que vous aurez grossièrement concassées, au mortier ou au mixeur.

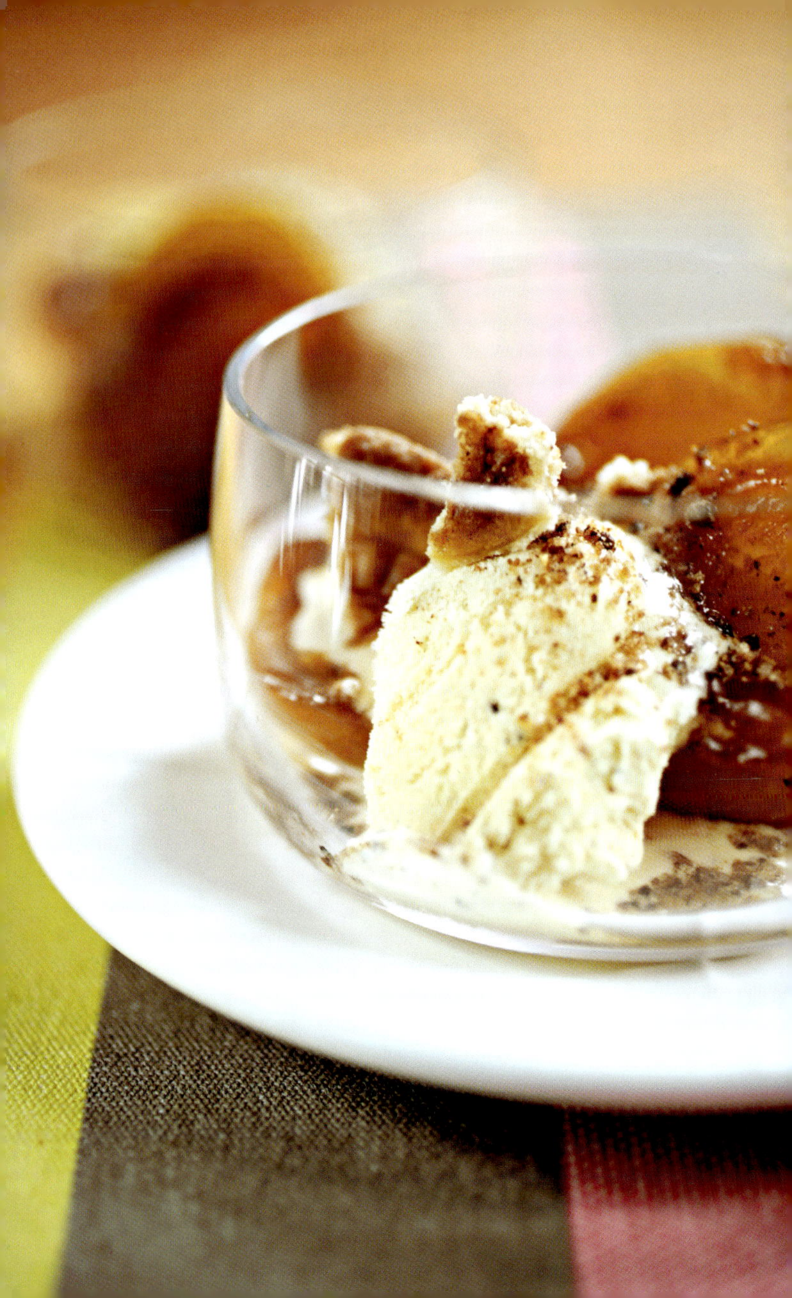

Pêches pralinées rôties au miel

PRÉPARATION 10 MIN | **CUISSON** 5 MIN | **COÛT** ★ | **DIFFICULTÉ** ★

1. Épluchez les pêches, coupez-les en deux et ôtez les noyaux. Dans une assiette creuse, mélangez le sucre et le pralin. Dans un bol, versez le miel liquide. Trempez successivement chaque moitié de pêche dans le miel, puis dans le mélange sucre-pralin.
2. Dans une poêle antiadhésive, faites chauffer le beurre. Ajoutez les pêches et laissez cuire 5 min en les retournant régulièrement et délicatement.
3. Déposez une moitié de pêche dans chaque assiette. Garnissez-la d'1 boule de glace au praliné, puis recouvrez le tout d'une autre moitié de pêche. Répétez l'opération pour les cinq assiettes suivantes. Puis saupoudrez le tout de palets bretons grossièrement émiettés.

Astuce_ Vous pouvez remplacer les pêches par des abricots ou des pêches au sirop.

Les ingrédients pour 6 personnes
- 6 pêches
- 6 cuil. à soupe de sucre roux
- 8 cuil. à soupe de pralin
- 8 cuil. à soupe de miel liquide
- 30 g de beurre
- 6 boules de glace au praliné
- 3 palets bretons

la botte secrète d'aude et leslie
Pour les fous de praliné, remplacez les palets bretons par des chouchous pilés...

le verre de vin qui va bien
Essayez ce dessert avec un petit verre de Lillet, apéritif à l'orange très en vogue avant-guerre, tombé en désuétude puis « ressuscité » il y a quelques années.

Tiramisu poire-Nutella®

PRÉPARATION 15 MIN | **COÛT** ★ | **DIFFICULTÉ** ★★ |
MATÉRIEL SPÉCIFIQUE 4 GRANDS VERRES TRANSPARENTS

→ VOICI UN TIRAMISU QUI CASSE LES CODES… ET QUI SE PRÉPARE EN UN TOUR DE MAIN.

1. Versez la crème liquide bien froide dans un saladier, puis fouettez-la en crème Chantilly à l'aide d'un batteur électrique. Placez au réfrigérateur.

2. Dans un saladier, fouettez les jaunes d'œufs avec le sucre et le sucre vanillé jusqu'à ce que le mélange blanchisse. Ajoutez le mascarpone et continuez de fouetter. Puis ajoutez délicatement la crème Chantilly sortie du réfrigérateur. Épluchez les poires et coupez-les en petits morceaux.

3. Pour monter vos tiramisus, émiettez grossièrement la meringue. Ajoutez ensuite dans chaque verre en couches successives un peu de crème au mascarpone, quelques éclats de meringue, une couche de crème au mascarpone, 2 cuil. à soupe de Nutella®, des cubes de poires et une nouvelle couche de crème.

4. Saupoudrez le tout de cacao en poudre. Placez au réfrigérateur jusqu'au moment de servir.

Les ingrédients pour 4 personnes
- 15 cl de crème liquide
- 3 jaunes d'œufs
- 30 g de sucre en poudre
- 1 sachet de sucre vanillé
- 150 g de mascarpone
- 3 poires mûres
- 1 meringue
- 8 cuil. à soupe de Nutella®
- 2 cuil. à soupe de cacao en poudre

Astuces • La clé de la réussite pour la chantilly ? Utilisez de la crème liquide bien froide et n'hésitez pas à placer le saladier vide au congélateur avant de vous lancer. • Pensez à remplacer les poires par des fraises, des framboises ou encore des pêches. • Pour les puristes, troquez les meringues contre des boudoirs imbibés de café.

le truc de stéphan

Si vous n'aimez pas la saveur des œufs crus, fouettez les jaunes avec le sucre au bain-marie, comme pour faire un sabayon. Cette « micro » cuisson suffit pour faire disparaître la saveur en question, si vous y êtes sensible.

un dessert en moins de 15 min

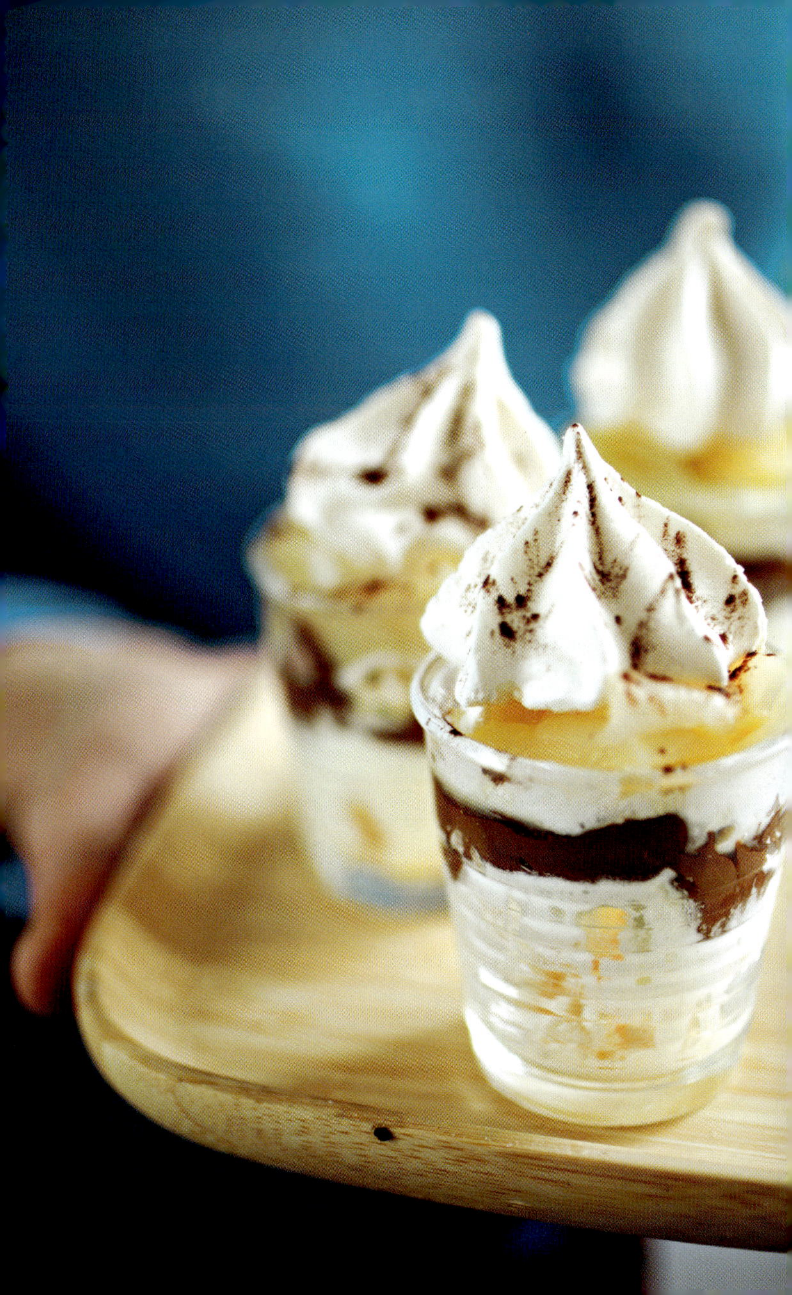

Fraises et framboises poêlées au sucre et à la vanille

PRÉPARATION 10 MIN **I CUISSON** 3 MIN **I COÛT** ★★ **I DIFFICULTÉ** ★

1. Rincez les fraises et les framboises. Équeutez les fraises et coupez-les en deux ou en quatre selon leur grosseur.

2. Dans une grande poêle à feu doux, faites chauffer le beurre. Fendez la gousse de vanille en deux et grattez l'intérieur à l'aide d'un couteau. Déposez les graines noires et la gousse dans le beurre fondu. Puis ajoutez le sucre, le sucre vanillé, les fraises et les framboises. Mélangez délicatement et laissez cuire 3 min environ. Répartissez les fraises et les framboises dans six bols et ajoutez 1 boule de sorbet aux fruits de la Passion au centre de chacun.

Les ingrédients pour 6 personnes
- 1 kg de fraises
- 500 g de framboises
- 100 g de beurre
- 1 gousse de vanille
- 60 g de sucre en poudre
- 1 sachet de sucre vanillé
- 6 boules de sorbet aux fruits de la Passion (facultatif)

Astuce_ Pour un dessert 100 % fruits frais, vous pouvez zapper le sorbet : c'est aussi bon !

la botte secrète d'aude et leslie
Pour une note aphrodisiaque, ajoutez 2 cuil. à soupe de gingembre frais râpé juste avant de servir...

le tuyau de laurence
Et pour une note du Sud, ajoutez 1 cuil. à soupe de pastis en même temps que les fruits.

le verre de vin qui va bien
Une liqueur de framboise, servie presque glacée, serait amusante.

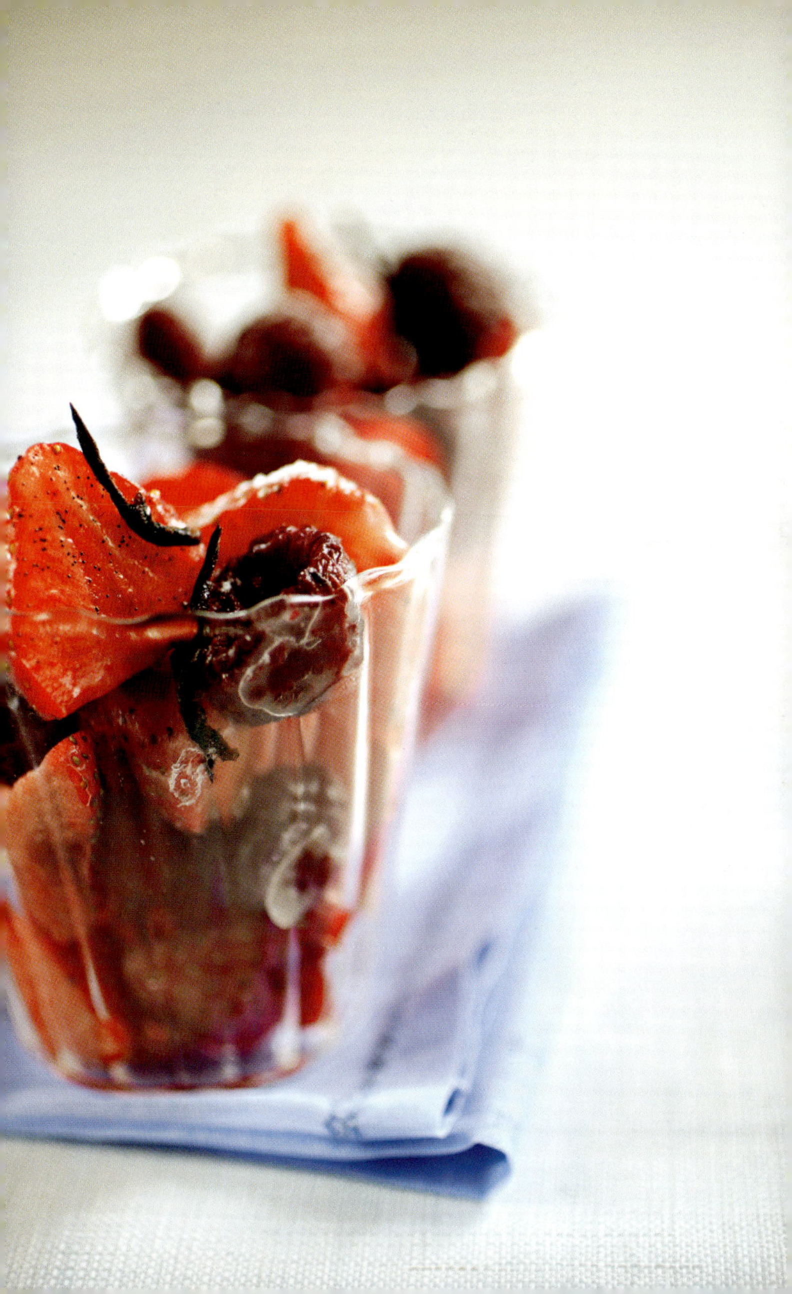

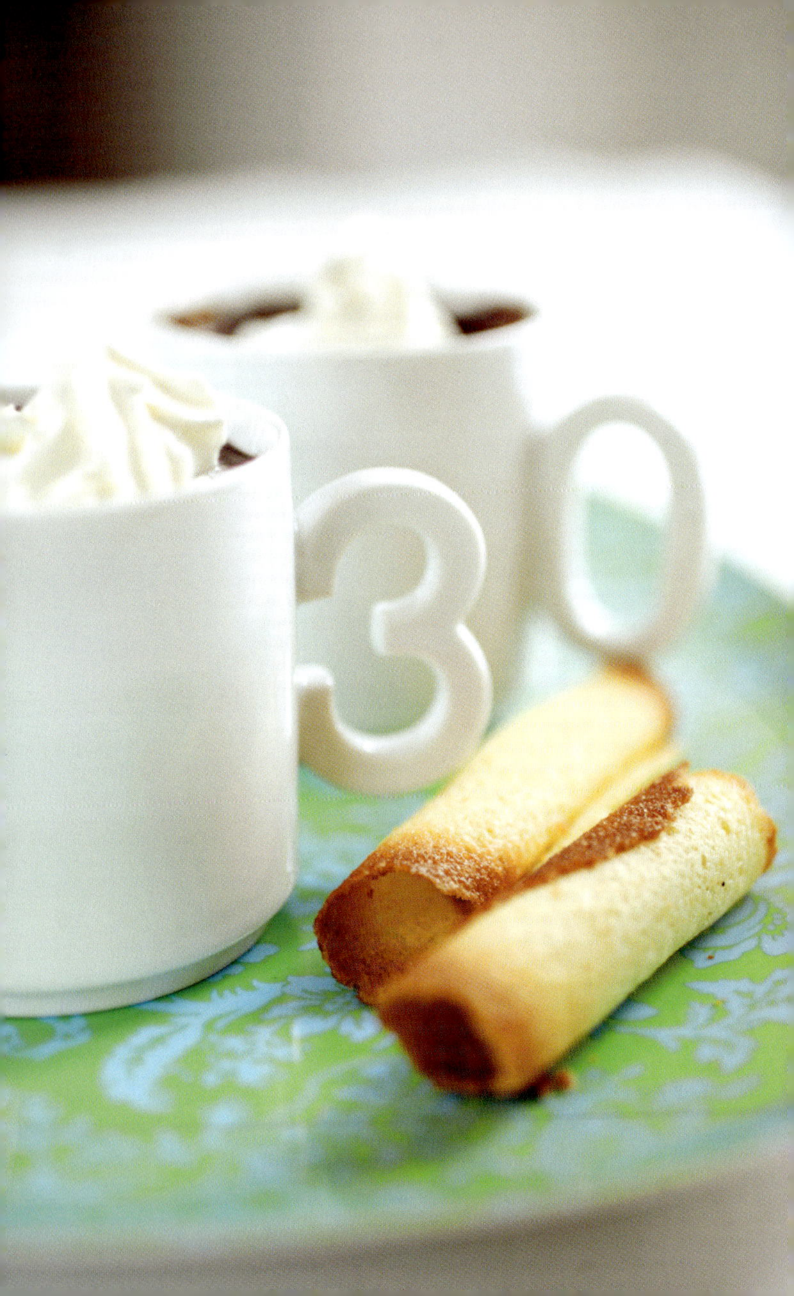

Soupe au chocolat et ses cigarettes russes farcies de chantilly

PRÉPARATION 10 MIN | **CUISSON** 5 MIN | **COÛT** ★ | **DIFFICULTÉ** ★★

→ COMME CE DESSERT EST BIEN COPIEUX, PENSEZ AUSSI À LE SERVIR DANS DES TASSES À CAFÉ. IL RÉGALERA ALORS 6 COPAINS ET NON 4… TOUT AUSSI SYMPA À L'HEURE DU GOÛTER !

1. Concassez grossièrement les noisettes dans un mortier. Dans une casserole à feu doux, portez à ébullition le lait, la crème fleurette et le sucre. Mélangez régulièrement.

2. Cassez le chocolat en morceaux. Quand le lait bout, ajoutez le chocolat dans la casserole et remuez jusqu'à ce qu'il soit bien fondu. Ajoutez la poudre de noisettes. Mélangez bien. Versez la soupe au chocolat dans quatre bols ou quatre grandes tasses. Laissez-la refroidir.

3. Pendant ce temps, garnissez chaque cigarette russe de crème Chantilly en posant délicatement l'embout de la bombe dans le gâteau. Gardez au frais jusqu'au moment de servir. Puis servez chaque bol saupoudré de noisettes concassées avec 2 cigarettes russes.

Les ingrédients pour 4 personnes
Pour la soupe
- 2 poignées de noisettes entières non salées
- 15 cl de lait écrémé
- 15 cl de crème fleurette
- 50 g de sucre en poudre
- 1 tablette de chocolat noir (200 g)
- 2 cuil. à soupe de poudre de noisettes (facultatif)

Pour les cigarettes russes
- 8 cigarettes russes
- 1 petite bombe de crème Chantilly

Astuces_ • Pour un dessert encore plus festif, servez cette soupe avec des ramequins de « petits plus » : amandes effilées, spéculoos cassés en petits morceaux ou encore mélange de fruits secs. • Si vous êtes vraiment pressé, vous pouvez aussi déposer la crème Chantilly sur la soupe au chocolat et servir les cigarettes russes nature.

la botte secrète d'aude et leslie
On l'a testée l'autre jour en déposant au centre de chaque bol un Petit-Cœur de Belin. Effet garanti…

Pennes aux poivrons, olives et parmesan

PRÉPARATION 10 MIN | **CUISSON** 17 MIN | **COÛT** ★ | **DIFFICULTÉ** ★★

→ DES PÂTES DE DERNIÈRE MINUTE QUI ÉGAYERONT VOS GRANDES TABLÉES ENTRE COPAINS. UN DE NOS BEST-OF DES SOIRS D'HIVER…

1. Lavez les poivrons, ôtez leur pédoncule, coupez-les en quatre et épépinez-les. Coupez-les ensuite en lanières. Dans une grande poêle ou une sauteuse, faites chauffer 1 beau filet d'huile d'olive. Ajoutez les poivrons et laissez-les cuire 12 min environ en mélangeant régulièrement.

2. Pendant ce temps, faites cuire les pennes dans une grande casserole d'eau bouillante salée comme indiqué sur le paquet (9 min environ). Coupez les olives en petits morceaux et découpez les tranches de magret de canard en lamelles.

3. Quand les poivrons sont prêts, ajoutez le magret et les olives dans la poêle et faites cuire le tout 5 min. Salez et poivrez.

4. Quand les pâtes sont cuites, égouttez-les bien et déposez-les dans un saladier avec la crème fraîche et la moitié du parmesan (50 g). Mélangez bien. Ajoutez la poêlée de poivrons au centre des pâtes. Servez accompagné d'un ramequin avec le reste de parmesan.

Les ingrédients pour 4 personnes
- 1 poivron rouge
- 1 poivron jaune
- 1 beau filet d'huile d'olive
- 400 g de pennes
- 1 belle poignée d'olives noires dénoyautées
- 12 tranches de magret de canard fumé
- 3 cuil. à soupe de crème fraîche
- 100 g de parmesan râpé
- sel et poivre

Astuces • Pour gagner du temps, utilisez des poivrons en bocal que vous couperez en lanières. • Variez les pâtes et testez cette recette avec des fusillis, des farfalles ou encore des macaronis.

Pour varier Pour une note sucrée-salée, ajoutez 1 poignée de raisins secs dans la poêlée de poivrons à la place des olives.

la botte secrète d'aude et leslie
Pour une touche croustillante, ajoutez 1 poignée de pignons de pin que vous aurez passés 2 min sous le gril du four. De quoi les rendre dorés à souhait !

le verre de vin qui va bien
Proposez un faugères, vin du Sud et de caractère.

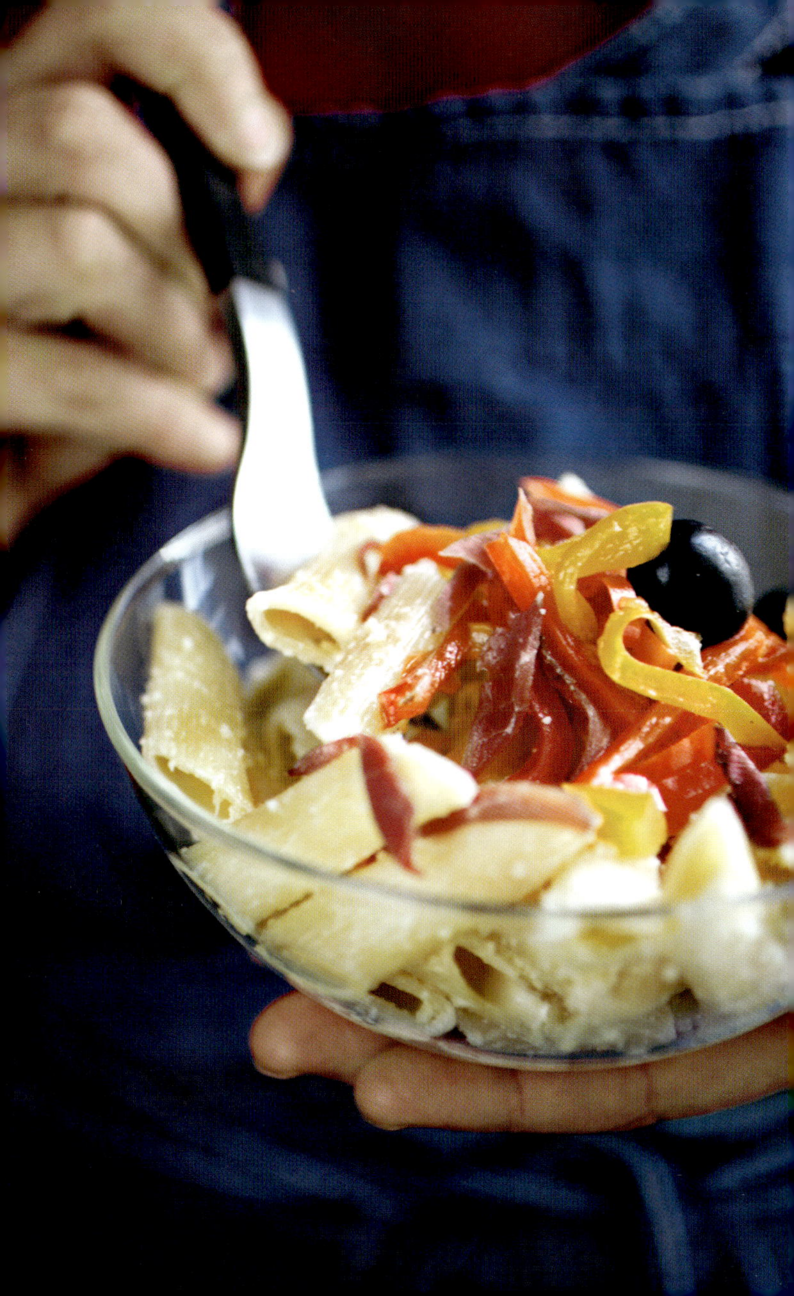

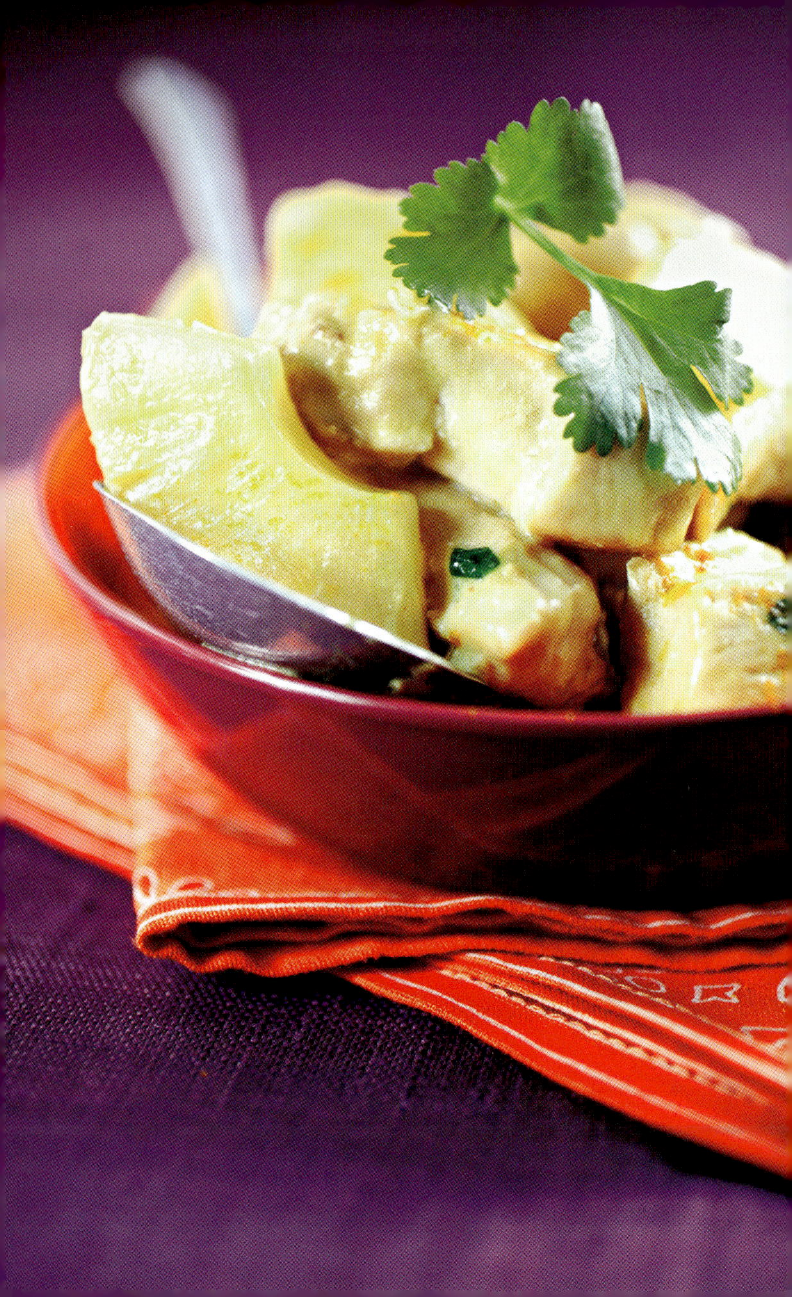

Poulet curry-coco

PRÉPARATION 8 MIN | **CUISSON** 22 MIN | **COÛT** ★ | **DIFFICULTÉ** ★★

→ UNE PETITE RECETTE QUI EN JETTE COMPLÈTEMENT AVEC SES NOTES ASIATIQUES DE LAIT DE COCO ET DE CURRY...

1 Coupez le poulet en petits morceaux à l'aide de ciseaux ou d'un couteau. Épluchez l'oignon et l'échalote, et coupez-les finement. Dans une sauteuse, faites chauffer l'huile. Versez l'oignon et l'échalote et faites-les revenir 3 à 4 min environ.

2 Ajoutez le poulet. Salez et poivrez et laissez cuire 3 min. Ajoutez le curry et remuez pendant 30 s. Puis versez le lait de coco et la crème liquide. Laissez cuire 5 min environ.

3 Pendant ce temps, coupez les rondelles d'ananas en petits dés que vous ajouterez dans la sauteuse avec 2 cuil. à soupe de sirop. Laissez cuire à nouveau 10 min. Lavez la coriandre et coupez-la finement. Quand le poulet est cuit, servez-le dans un plat creux ou dans quatre bols. Parsemez le tout de coriandre.

Les ingrédients pour 4 personnes
- 4 blancs de poulet
- 1 oignon
- 1 échalote
- 1 beau filet d'huile d'olive
- 2 cuil. à café de curry en poudre
- 20 cl de lait de coco
- 3 cuil. à soupe de crème liquide (facultatif)
- 1 petite boîte d'ananas au sirop (poids net total : 225 g environ)
- ½ botte de coriandre
- sel et poivre

Astuces_ • À vous de trouver votre bon dosage de curry : entre 1 et 3 cuil. à café selon vos goûts... • Pour les mordus de cuisine asiatique, troquez le curry en poudre contre de la pâte de curry rouge ou verte. On en trouve dans les supermarchés. • Pour une sauce au lait de coco plus crémeuse, doublez les doses de crème liquide (soit 6 cuil. à soupe).

la botte secrète d'aude et leslie
Pour épater la galerie, servez ce curry de poulet avec des petits ramequins de noix de coco râpée, de rondelles de banane ou encore de raisins secs.

le truc de stéphan
Et si vous faites cette recette avec un ananas victoria frais, ce sera vraiment superbe. Signalons que vous allez mettre alors un peu plus de 30 min, mais ce ne sera pas du temps perdu...

Pizza tomates cerise et mozzarella

PRÉPARATION 6 MIN **I CUISSON** 14 MIN **I COÛT** ★ **I DIFFICULTÉ** ★

→ AH LES JOIES D'UNE PIZZA MAISON... ET LA JOIE DE CELUI QUI PEUT DIRE « C'EST MOI QUI L'AI FAIT ! »...

1 Préchauffez le four à 240 °C (th. 8). Étalez la pâte à pizza sur la plaque du four en conservant le papier de cuisson.

2 Dans un bol, mélangez le concentré de tomate avec 4 cuil. à soupe d'eau, l'origan et le sucre. Poivrez généreusement. Étalez ce mélange sur la pâte à pizza. Puis recourbez légèrement les bords. Égouttez la mozzarella et coupez-la en fines tranches.

3 Lavez et coupez les tomates cerise en deux. Répartissez sur la pâte la mozzarella et les demi-tomates face coupée vers le haut. Parsemez d'olives et de basilic finement coupé. Arrosez le tout d'1 filet d'huile d'olive. Faites cuire au four 13 à 14 min environ jusqu'à ce que la mozzarella soit bien fondue.

Les ingrédients pour 4 personnes
- 1 pâte à pizza toute prête
- 1 petite boîte de concentré de tomate (70 g environ)
- 3 pincées d'origan
- 2 pincées de sucre en poudre
- 125 g de mozzarella
- 150 g de tomates cerise
- 1 petite poignée d'olives noires
- 3 cuil. à soupe de basilic ciselé surgelé
- 1 filet d'huile d'olive (facultatif)
- sel et poivre

Astuces_ • À la place de la préparation au concentré de tomate, vous pouvez utiliser un coulis de tomate tout prêt. • Si vous n'avez pas d'origan, remplacez-le par du thym ou des herbes de Provence.

la botte secrète d'aude et leslie
À vous de customiser votre pizza en ajoutant des lamelles de jambon cru, des tomates séchées, des champignons émincés ou encore des lardons poêlés...

le tuyau de laurence
Pour cette recette utilisez la mozzarella vendue en barre et non celle en boule (qui convient en revanche mieux pour les salades). Cette variété de mozzarella a l'énorme avantage de ne pas rendre d'eau pendant la cuisson !

le truc de stéphan
Si finalement vous n'êtes pas si pressé que cela, laissez la pizza reposer 30 min avant de la cuire : en fermentant, elle aura encore plus de saveur.

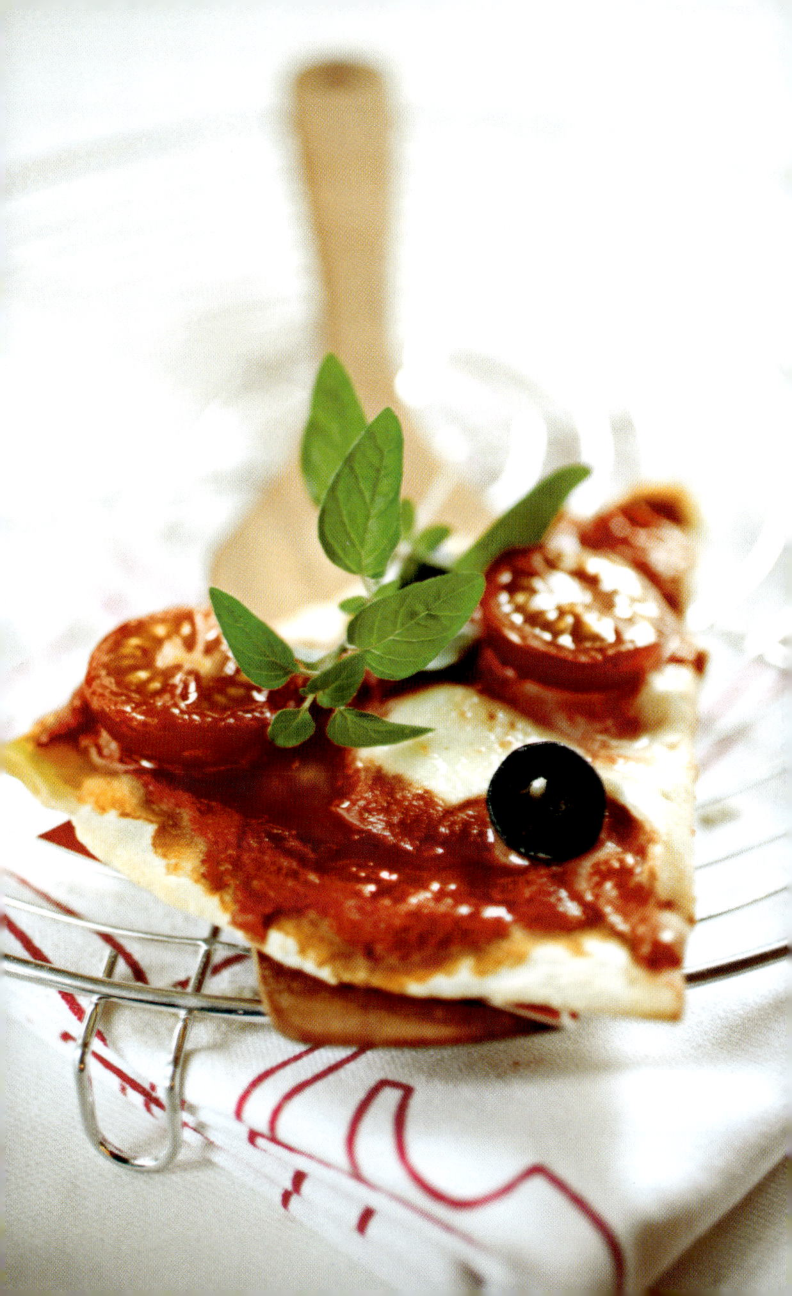

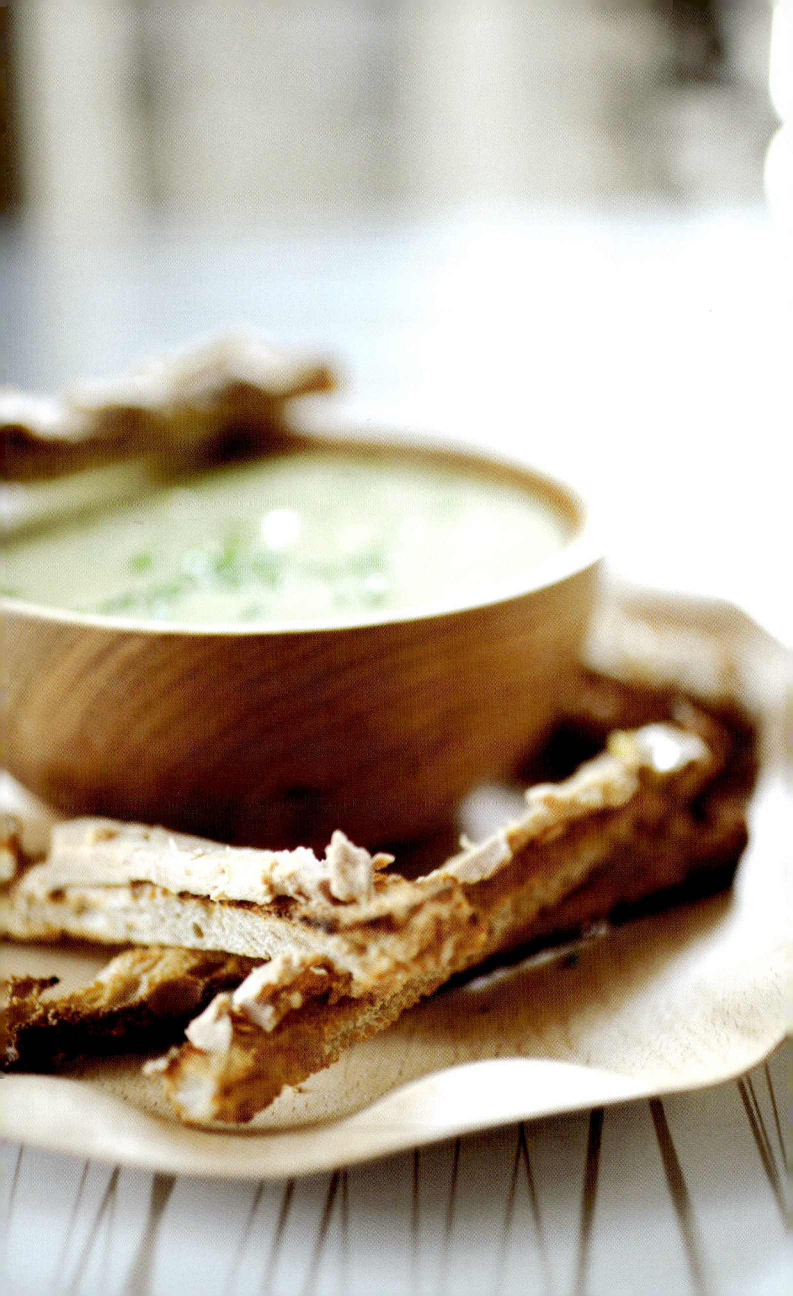

Soupe crémeuse aux artichauts et mouillettes de foie gras de Laurence

PRÉPARATION 13 MIN I **CUISSON** 12 MIN I **COÛT** ★★ I **DIFFICULTÉ** ★★

→ À CHAQUE FOIS QUE LAURENCE SE LANCE DANS CETTE SUPER RECETTE, ON CRAQUE TOUS...

1. Dans une casserole d'eau bouillante salée, faites cuire les fonds d'artichaut surgelés 12 min environ. Pendant ce temps, lavez la ciboulette et coupez-la finement. Passez les tranches de pain au toaster, puis coupez-les en mouillettes.

2. Quand les fonds d'artichaut sont cuits, égouttez-les en conservant l'eau de cuisson. Passez ensuite au mixeur les artichauts avec la moitié de la ciboulette, le lait, la crème liquide, la noix de muscade et 1 verre et demi d'eau de cuisson. Salez et poivrez généreusement.

3. Coupez les tranches de foie gras en morceaux et disposez-les sur les mouillettes de pain. Poivrez. Répartissez le velouté dans quatre bols et parsemez le tout du reste de ciboulette. Servez avec les mouillettes de foie gras.

Les ingrédients pour 4 personnes
- 600 g de fonds d'artichaut surgelés
- ½ botte de ciboulette
- 2 belles tranches de pain de campagne
- 15 cl de lait
- 10 cl de crème liquide
- 3 pincées de noix de muscade en poudre
- 2 tranches de foie gras
- sel et poivre

Astuces_ • Pour une version plus *light*, remplacez la crème par de l'eau de cuisson. • Et pour une version plus économique, remplacez le foie gras par des mouillettes de comté et beurre salé.

la botte secrète d'aude et leslie
Pour un plateau télé du dimanche soir chic et régressif, accompagnez ce velouté et ses mouillettes d'œufs à la coque.

le truc de stéphan
Essayez aussi la composition artichaut et potiron : vraiment excellent et si bon pour la santé...

Mini-tatins de pommes au chèvre chaud

PRÉPARATION 10 MIN | **CUISSON** 20 MIN | **COÛT** ★ | **DIFFICULTÉ** ★★

→ UNE RECETTE AUX ALLURES DE GRAND CHEF QUI POURTANT EST SIMPLISSIME À RÉALISER… IL NE VOUS RESTE PLUS QU'À LA SERVIR AVEC UNE BELLE SALADE DE MÂCHE ASSAISONNÉE D'HUILE DE NOIX ET LE TOUR SERA JOUÉ !

1. Préchauffez le four à 200 °C (th. 6-7). Épluchez les pommes et coupez-les en quatre, puis chaque quartier en trois lamelles. Coupez la bûche de chèvre en huit rondelles.

2. Étalez la pâte et découpez huit disques à l'aide d'un emporte-pièce ou d'un verre retourné. Recouvrez la plaque du four de papier sulfurisé.

3. Pour réaliser les tartelettes Tatin, disposez 3 lamelles de pomme en rosace pour former un petit cercle. Déposez par-dessus une rondelle de chèvre, poivrez et recouvrez le tout d'un disque de pâte.

4. Faites cuire au four 20 min environ. Pendant ce temps, concassez grossièrement les noix dans un mortier. À la sortie du four, retournez délicatement les tartelettes à l'aide d'une spatule, déposez deux mini-tatins par assiette et parsemez le tout de noix concassées.

Les ingrédients pour 4 personnes
- 2 pommes
- 1 bûche de chèvre
- 1 pâte feuilletée pur beurre toute prête
- 1 poignée de cerneaux de noix
- poivre

Astuce_ Si vous n'avez pas de mortier, placez vos cerneaux de noix dans un torchon et écrasez-les à l'aide d'un rouleau à pâtisserie ou d'un petit marteau.

Pour varier_ **Mini-tatins de poire et gorgonzola.** Il suffit de remplacer les pommes par des poires et la bûche de chèvre par des morceaux de gorgonzola.

la botte secrète d'aude et leslie
Pour jouer la carte sucrée-salée, troquez les noix concassées contre des raisins secs coupés en petits morceaux. Vous pouvez même arroser vos tartelettes Tatin d'1 filet de miel juste avant de servir…

le verre de vin qui va bien
Un bon petit verre de fitou conviendra très bien, sans prétention mais sans défaut.

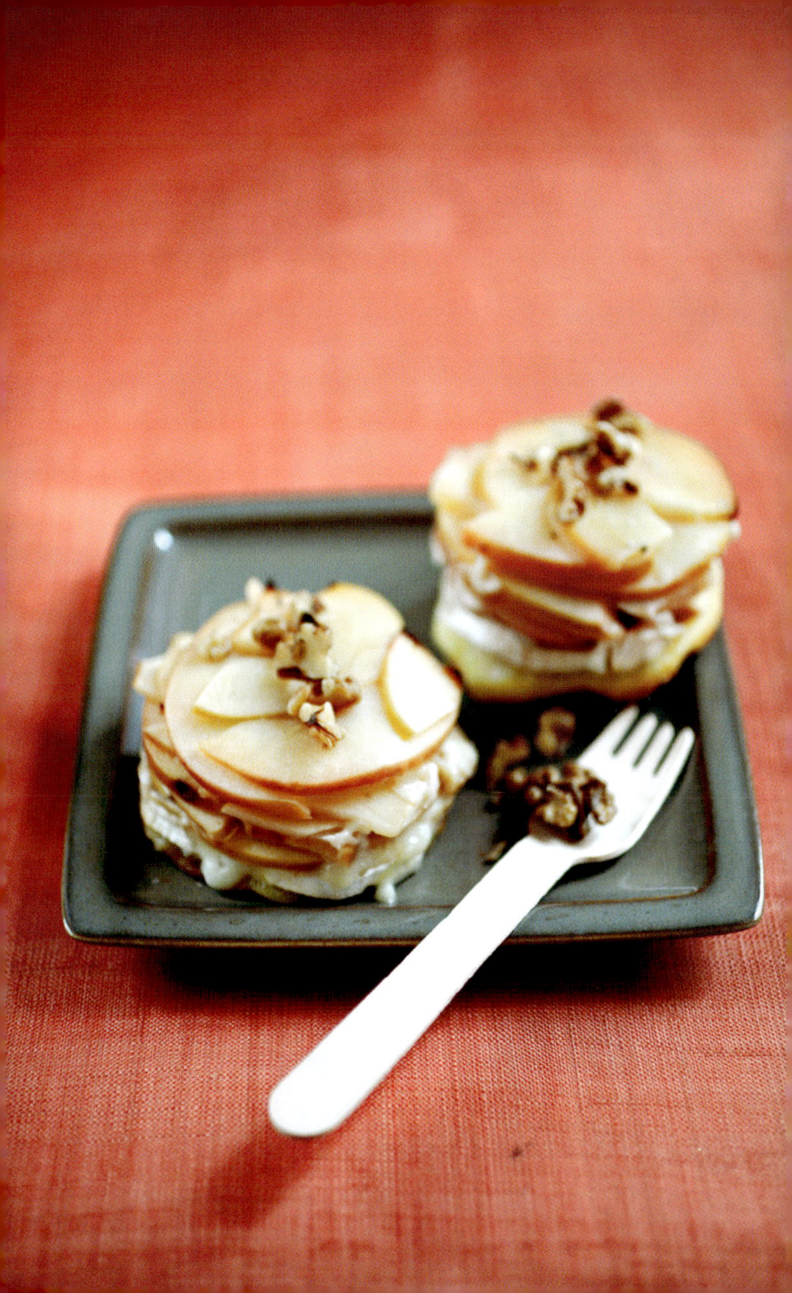

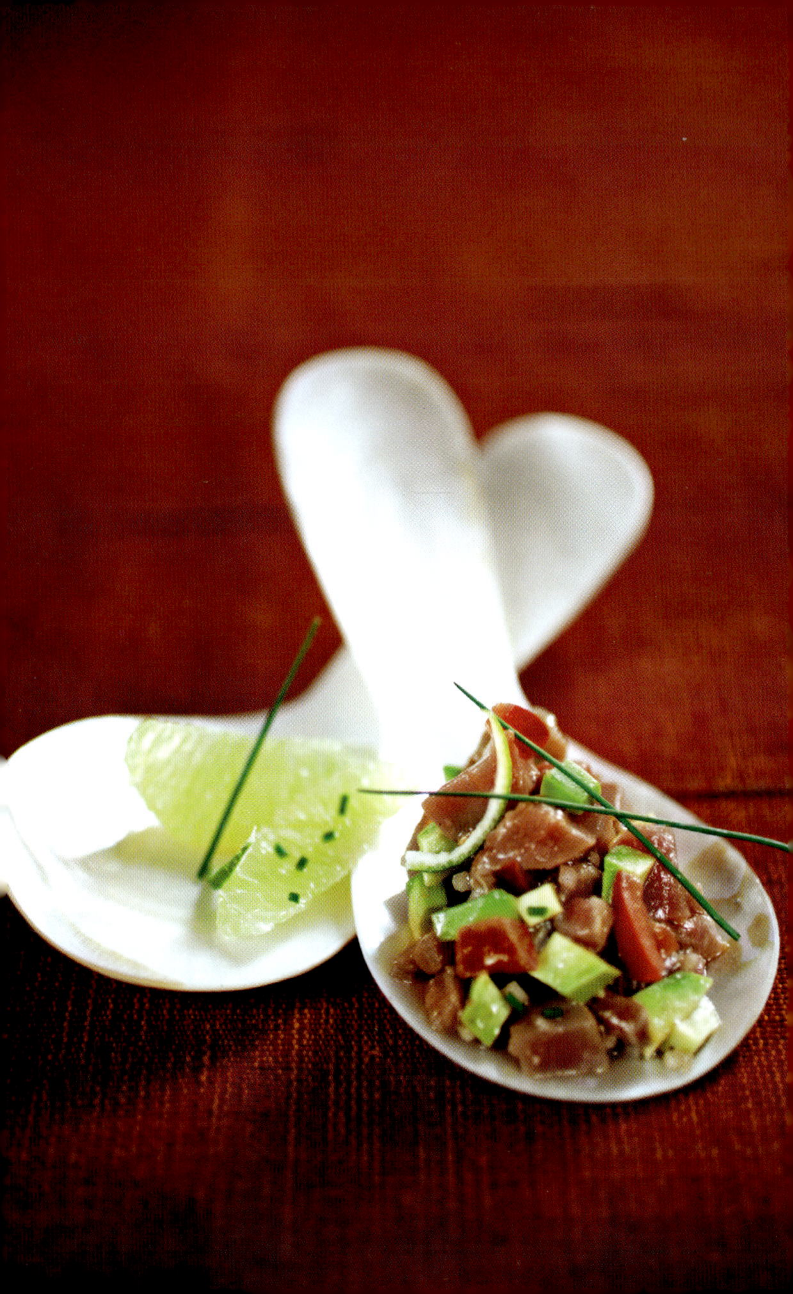

Tartare de thon, avocat et tomates fraîches

PRÉPARATION 20 MIN | **COÛT** ★★ | **DIFFICULTÉ** ★

→ ÇA C'EST CLAIREMENT UNE DE NOS BOTTES SECRÈTES POUR FAIRE SUCCOMBER LA GENT MASCULINE... ALLEZ LES FILLES !

1. Lavez la ciboulette et coupez-la finement. Épluchez et coupez finement les échalotes. Coupez le thon en petits dés. Pressez le citron vert.

2. Épluchez l'avocat et coupez-le en petits morceaux que vous arroserez de jus de citron pour éviter qu'il ne noircisse. Lavez les tomates, coupez-les en deux, épépinez-les, puis coupez-les en petits dés.

3. Dans un saladier, mélangez tous les ingrédients ainsi que le vinaigre et l'huile. Salez et poivrez généreusement. Puis formez quatre tartares et servez sans attendre.

Les ingrédients pour 4 personnes
- 1 botte de ciboulette
- 2 échalotes
- 4 pavés de thon rouge sans arêtes
- 1 citron vert
- 1 avocat
- 2 petites tomates
- 5 cuil. à soupe de vinaigre balsamique
- 4 cuil. à soupe d'huile d'olive
- sel et poivre

la botte secrète d'aude et leslie
Et pour les dîners en amoureux, ajoutez à la préparation 2 cuil. à soupe de gingembre frais râpé. Et plus si affinités...

le truc de stéphan
Choisissez du thon ultrafrais et coupé avec un couteau très propre. Dans le doute, choisissez des pavés surgelés.

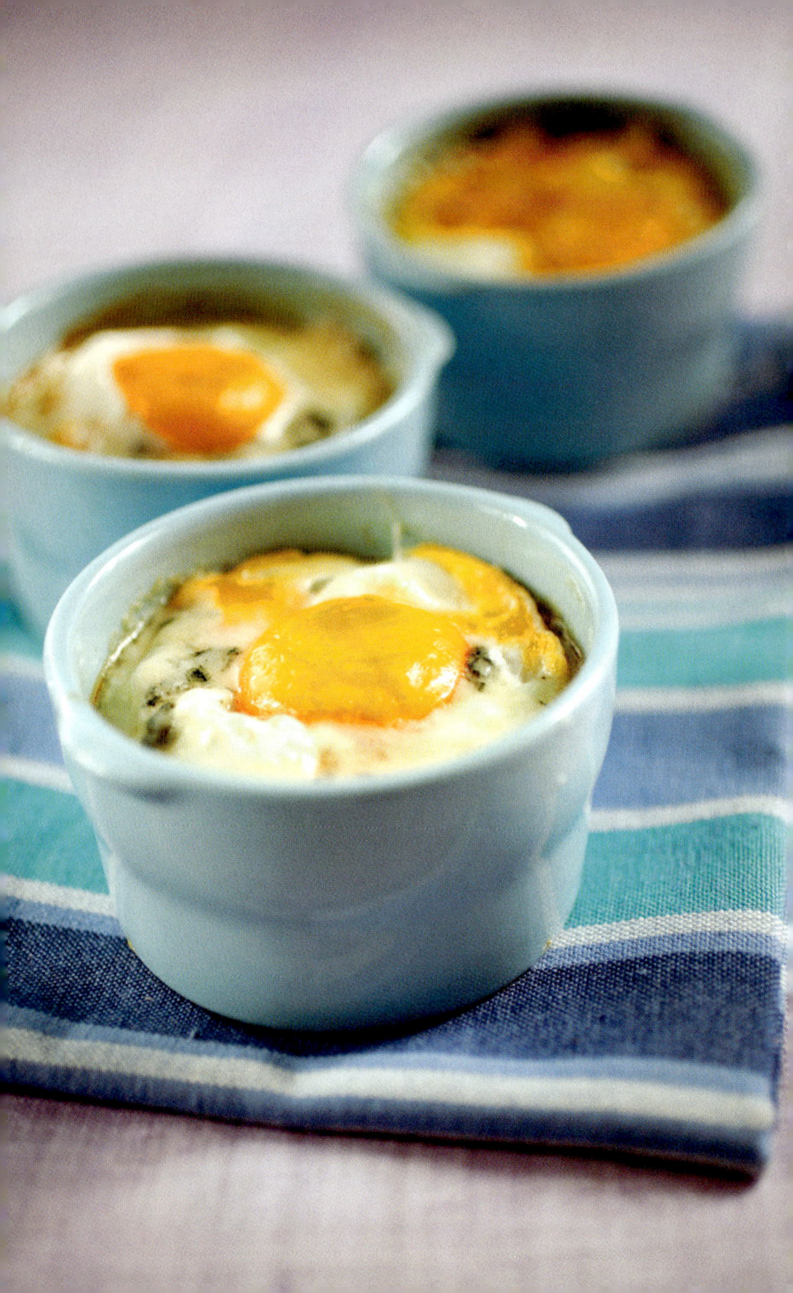

Œufs cocotte au roquefort

PRÉPARATION 4 MIN | **CUISSON** 18 MIN | **COÛT** ★ | **DIFFICULTÉ** ★ |
MATÉRIEL SPÉCIFIQUE 4 RAMEQUINS

→ ET DIRE QU'IL SUFFIT DE TROIS FOIS RIEN DANS SON FRIGO POUR SE LANCER DANS CETTE SUCCULENTE RECETTE...

1. Préchauffez le four à 180 °C (th. 6). Dans un bol, écrasez à l'aide d'une fourchette la crème fraîche et le roquefort.

2. Cassez 2 œufs par ramequin et ajoutez sur le dessus 1 cuil. à soupe bombée de la préparation au roquefort. Poivrez généreusement. Placez vos ramequins dans un grand plat à gratin rempli d'un fond d'eau bouillante et faites cuire le tout au bain-marie dans le four 16 à 18 min environ.

Les ingrédients pour 4 personnes
- 4 cuil. à soupe bombées de crème fraîche épaisse
- 200 g de roquefort
- 8 œufs extra-frais
- poivre

*Astuce_* À vous de trouver votre bon dosage de roquefort : pour les amateurs de sensations fortes, tablez sur 200 g.

*Pour varier_* **Œufs cocotte aux fines herbes.** Remplacez le roquefort par 2 cuil. à soupe de ciboulette ou d'estragon finement coupé, frais ou surgelé.
- **Œufs cocotte gratinés au comté.** Râpez 80 g de comté et répartissez-le dans les quatre ramequins avant de passer le plat au four. Dans ce cas-là, éliminez le roquefort.

la botte secrète d'aude et leslie
N'oubliez pas les mouillettes...

le truc de stéphan

Si vous passez à Londres, ramenez un peu de stilton cheese avec lequel vous pourrez faire cette recette pour changer du roquefort.

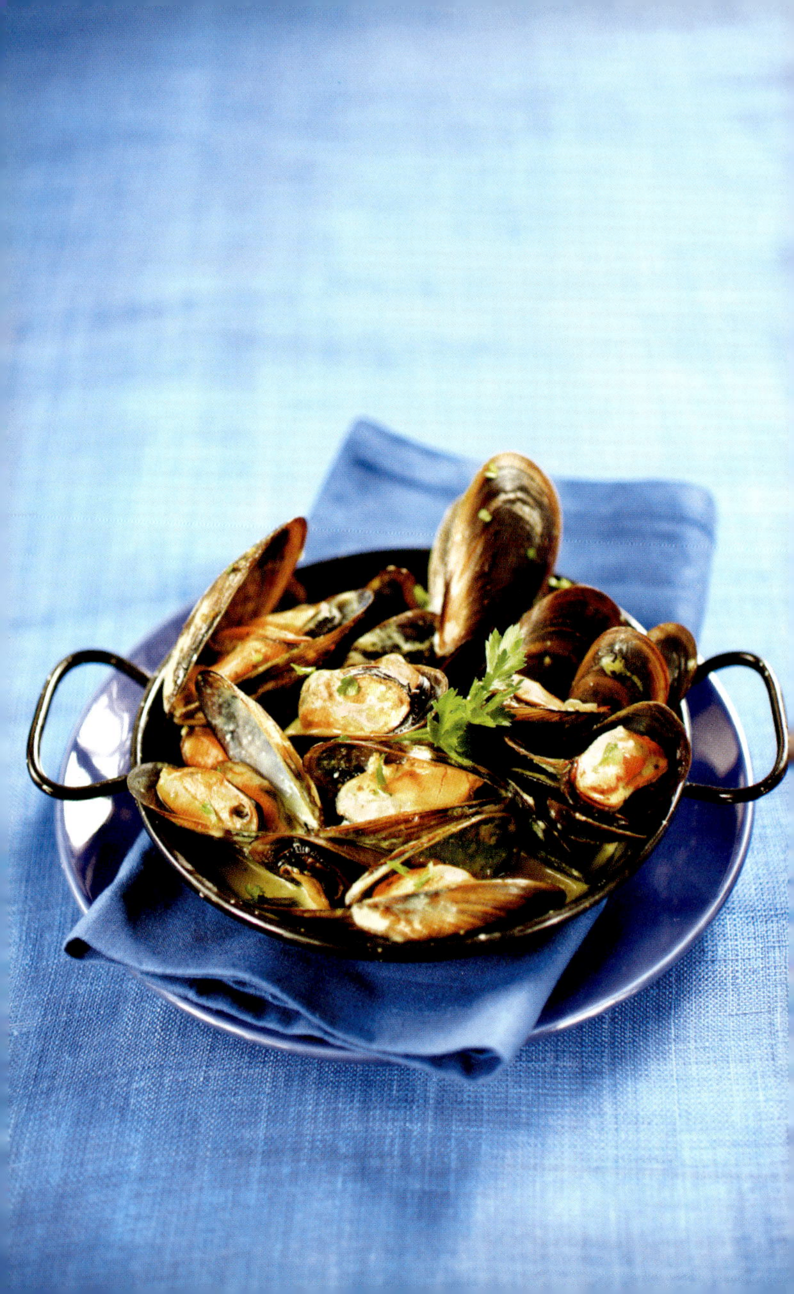

Moules de bouchot à la crème

PRÉPARATION 15 MIN | **CUISSON** 8 MIN | **COÛT** ★ | **DIFFICULTÉ** ★

→ N'OUBLIEZ PAS LES FRITES... PARCE QUE TREMPÉES DANS LA CRÈME, C'EST CARRÉMENT LE NIRVANA !

1. Lavez les moules, grattez-les et ôtez les filaments herbeux ; surtout jetez celles qui sont ouvertes ou cassées. Épluchez et coupez les échalotes en petits morceaux.

2. Dans une cocotte, faites revenir le beurre avec les échalotes. Faites-les cuire 3 min environ. Ajoutez le vin et poivrez. Faites chauffer à feu vif 2 min. Ajoutez les moules, couvrez la cocotte et laissez cuire 5 min. Remuez régulièrement.

3. Pendant ce temps, lavez et coupez finement le persil. Mélangez la crème fraîche et le curry dans un bol. Ajoutez ce mélange dans les moules en fin de cuisson. Remuez et laissez cuire 1 min. Servez les moules dans un plat creux avec leur jus de cuisson et parsemées de persil.

Les ingrédients pour 4 à 6 personnes
- 2 kg de moules de bouchot
- 2 échalotes
- 1 noisette de beurre
- 20 cl de vin blanc sec
- ½ bouquet de persil
- 3 cuil. à soupe de crème fraîche
- 2 cuil. à café de curry en poudre
- poivre

Astuces_ • Quand les moules sont cuites, celles qui sont restées fermées sont à jeter. • Sachez qu'il existe chez le poissonnier des sacs de moules prélavées. • Lorsque vous préparez vos moules, ne remplissez pas votre cocotte à plus de la moitié, vous auriez alors du mal à les mélanger et la cuisson ne serait pas homogène.

Pour varier_ Pour d'autres saveurs, vous pouvez remplacer le curry par une petite dose de safran.

le tuyau de laurence

Si vous êtes comme moi accro au gingembre, ajoutez 2 cuil. à café de gingembre pelé et râpé. Cette association est top... Dans ce cas, troquez le persil contre de la coriandre.

le verre de vin qui va bien

Proposez un blanc sec, tout frais et tout simple, le muscadet.

Tartelettes de courgettes, thym et pélardon

PRÉPARATION 10 MIN | **CUISSON** 20 MIN | **COÛT** ★ | **DIFFICULTÉ** ★

1. Préchauffez le four à 210 °C (th. 7). Lavez les courgettes et coupez-les en fines rondelles. Dans une sauteuse ou une grande poêle antiadhésive, faites chauffer 1 beau filet d'huile. Ajoutez les courgettes, salez et poivrez. Faites-les revenir 10 min environ. Mélangez régulièrement.

2. Pendant ce temps, détachez délicatement les feuilles de brick. Pliez chacune d'entre elles en deux pour former une demi-lune, puis de nouveau en deux pour obtenir un quart de lune. Déposez ces six fonds de tarte sur la plaque du four recouverte de papier sulfurisé.

3. Quand les courgettes sont cuites, répartissez-les en rosace sur les fonds de tarte. Déposez un pélardon au centre de chaque tartelette. Parsemez de thym et poivrez généreusement. Mettez au four 12 min environ jusqu'à ce que le fromage soit bien fondu.

Les ingrédients pour 6 personnes
- 3 courgettes
- 1 beau filet d'huile d'olive
- 6 feuilles de brick
- 6 pélardons
- 6 pincées de thym
- sel et poivre

Astuces_ • Vous pouvez remplacer chaque pélardon par un demi-crottin de Chavignol ou un rocamadour. • Si vous n'avez pas de feuille de brick, utilisez une pâte feuilletée toute prête dans laquelle vous découperez six disques de pâte. Augmentez alors le temps de cuisson. • Et si vous n'avez pas de papier sulfurisé, remplacez-le par du papier d'aluminium huilé ou beurré.

la botte secrète d'aude et leslie
N'hésitez pas à ajouter quelques noisettes concassées sur chaque tartelette juste avant de servir. Ça va croustiller !

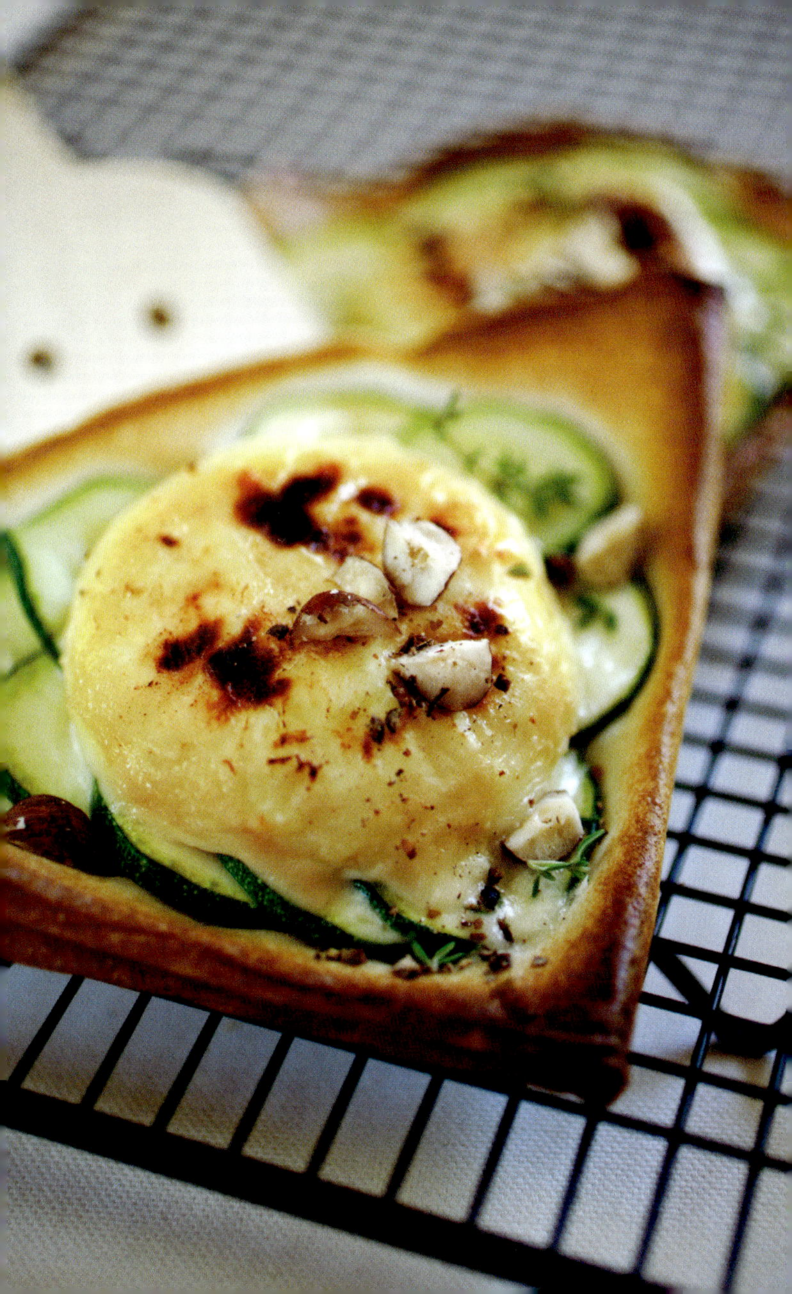

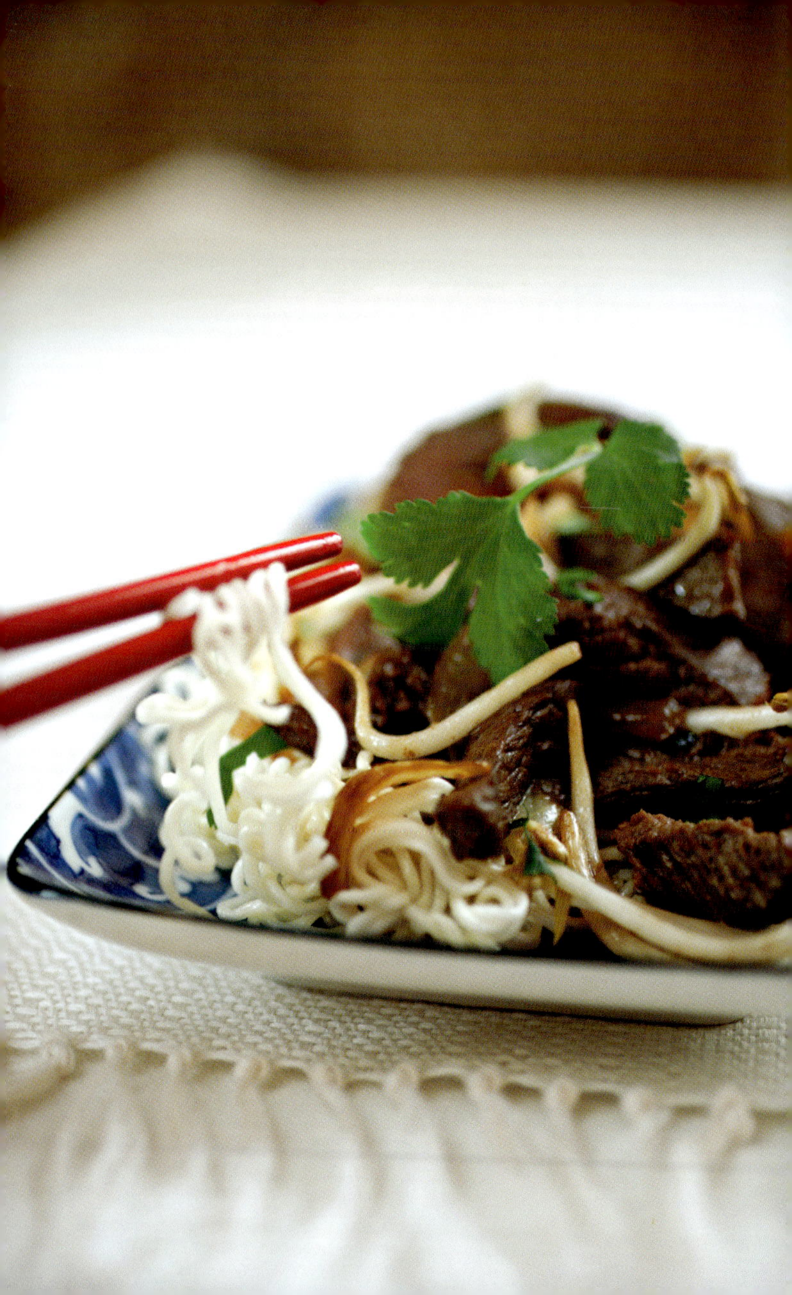

Émincé de bœuf au cinq-épices

PRÉPARATION 15 MIN I CUISSON 11 MIN I COÛT ★★ I DIFFICULTÉ ★★

1 Portez à ébullition une grande casserole d'eau. Pendant ce temps, lavez et coupez finement la coriandre. Coupez le bœuf en petits morceaux. Dans un plat creux, mélangez la sauce soja avec le mélange cinq-épices. Ajoutez le bœuf et laissez mariner quelques instants.

2 Quand l'eau bout, éteignez le feu, plongez les vermicelles et laissez-les cuire 4 min à couvert. À la fin de la cuisson, démêlez les vermicelles avec une fourchette et rincez-les à l'eau froide. Puis égouttez-les bien et répartissez-les dans quatre grands bols ou assiettes creuses.

3 Épluchez l'oignon et coupez-le finement. Faites chauffer l'huile dans un wok, ajoutez l'oignon et faites-le revenir 3 min.

4 Ajoutez ensuite les germes de soja, la viande et son assaisonnement, poivrez et laissez cuire le tout 4 min en mélangeant sans cesse. À la fin de la cuisson, répartissez le bœuf sauté sur les vermicelles. Parsemez le tout de coriandre et servez *illico presto*.

Les ingrédients pour 4 personnes
- 4 brins de coriandre
- 500 g de bœuf (pavé ou rumsteck)
- 4 cuil. à soupe de sauce soja
- 1 cuil. à soupe de mélange cinq-épices
- 200 g de vermicelles (facultatif)
- 1 oignon
- 3 cuil. à soupe d'huile d'olive
- 200 g de germes de soja
- poivre

Astuces_ • Si vous n'avez pas de wok, préparez cette recette dans une sauteuse antiadhésive. Ça marche très bien aussi. • Vous pouvez ébouillanter les germes de soja 1 min environ avant de les passer au wok... Cela les rendra moelleux et non croquants. • Servez ce plat avec des ramequins de sauce soja. Un délice !

Pour varier_ **Émincé de bœuf aux légumes croquants.** Ajoutez dans le wok, en même temps que la viande, 2 poignées de haricots mange-tout et 2 poignées de petits pois frais ou surgelés préalablement cuits.

la botte secrète d'aude et leslie
Pour une note *spicy*, ajoutez dans la marinade quelques gouttes de Tabasco.

le truc de stéphan
Pour (presque) le même prix, ajoutez aussi quelques gouttes d'huile de sésame dans chaque bol.

Papillote de lotte, citron vert et persil plat

PRÉPARATION 8 MIN | **CUISSON** 12 MIN | **COÛT** ★★ | **DIFFICULTÉ** ★

→ VOICI LA CLÉ POUR SE FAIRE PLAISIR SANS PRENDRE UN GRAMME...

1. Préchauffez le four à 210 °C (th. 7). Lavez et coupez finement le persil plat. Pressez le citron vert et versez le jus dans un bol. Ajoutez-y l'huile, le piment d'Espelette et la moitié du persil coupé. Salez et poivrez.

2. Découpez quatre carrés de papier d'aluminium. Badigeonnez chaque carré de préparation à l'huile et au piment. Déposez ensuite 1 filet de lotte au centre de chaque carré. Arrosez du reste d'huile pimentée, puis parsemez du reste de persil.

3. Refermez hermétiquement les papillotes en repliant les bords. Déposez-les délicatement sur la plaque du four. Faites cuire 12 min environ.

Les ingrédients pour 4 personnes
- 6 brins de persil plat
- 1 citron vert
- 6 cuil. à soupe d'huile d'olive
- 6 pincées de piment d'Espelette
- 4 filets de lotte sans arêtes
- sel et poivre

Astuce Servez ces papillotes avec du riz pilaf, une ratatouille ou des haricots verts à la vapeur.

le truc de stéphan

La lotte a tendance à se contracter beaucoup en cuisant.
Pour limiter le phénomène, entaillez-la de quelques coups de couteaux.

le tuyau de laurence

Vous pouvez faire vos papillotes avec du papier sulfurisé.
Fermez les extrémités comme des bonbons avec de la ficelle de cuisine : de quoi soigner la présentation !

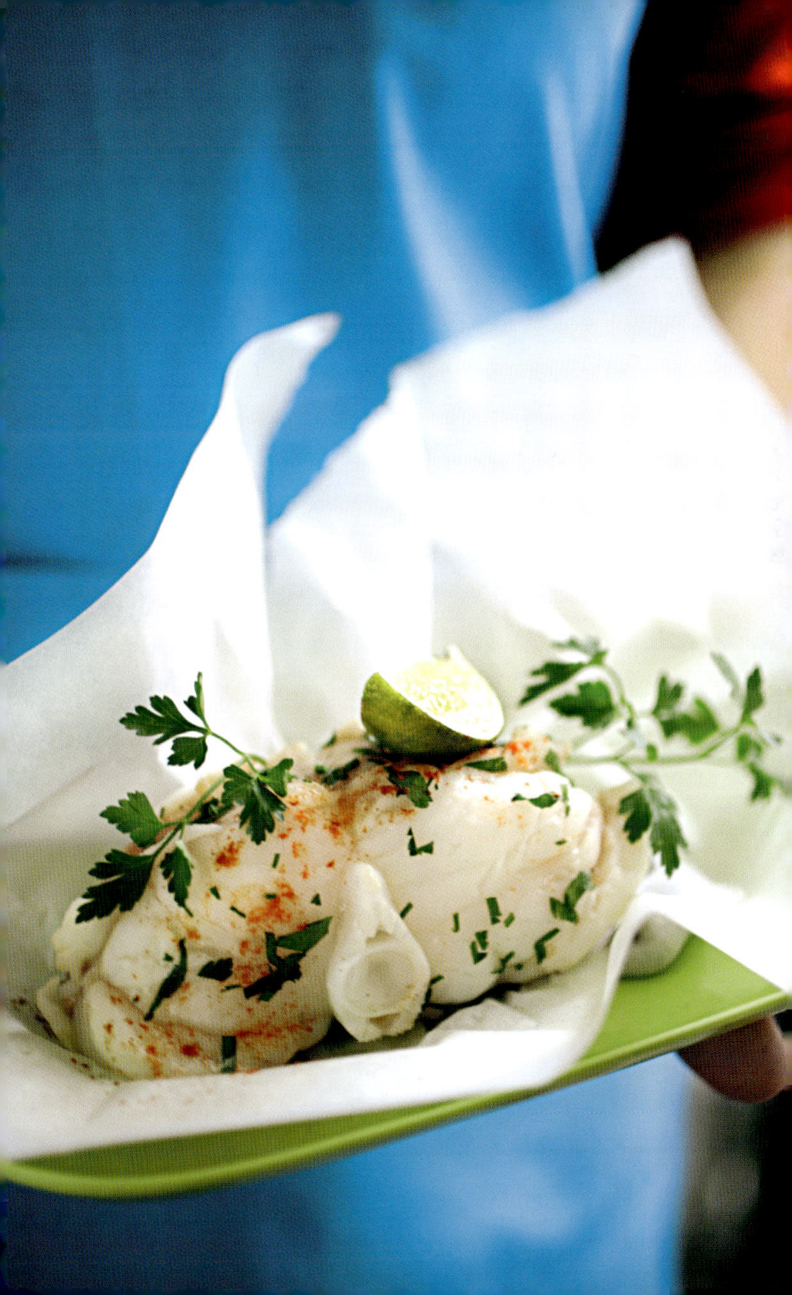

Côtelettes d'agneau au thym et salade de fèves de Stéphan

PRÉPARATION 10 MIN | **CUISSON** 15 MIN | **COÛT** ★★ | **DIFFICULTÉ** ★★

→ DEPUIS QUE STÉPHAN NOUS A CONCOCTÉ CETTE RECETTE, ON N'A PAS ARRÊTÉ DE LE TANNER POUR EN RÉCUPÉRER LES PROPORTIONS. LES VOICI RIEN QUE POUR VOUS...

1 Dans une casserole d'eau bouillante salée, faites cuire les fèves 5 min environ. Pendant ce temps, lavez et coupez finement la ciboulette. Dans un saladier, mélangez l'huile d'olive avec le jus de citron, le piment d'Espelette et la ciboulette. Salez et poivrez.

2 Saupoudrez chaque côtelette d'un peu de thym. Dans une grande poêle antiadhésive, faites chauffer la noisette de beurre à feu vif. Ajoutez les côtelettes et faites-les dorer 5 min de chaque côté. Salez et poivrez à la fin de la cuisson.

3 Quand les fèves sont cuites, égouttez-les bien, puis passez-les sous l'eau froide pour stopper la cuisson. Égouttez-les à nouveau et déposez-les dans le saladier.

4 Coupez les tomates confites en petits morceaux. Épluchez les oignons et coupez-les finement. Ajoutez les tomates et les oignons dans le saladier. Mélangez bien et servez avec les côtelettes grillées.

Les ingrédients pour 4 personnes

Pour les côtelettes d'agneau
8 côtelettes d'agneau
1 cuil. à soupe de thym
1 noisette de beurre
sel et poivre

Pour la salade de fèves
400 g de fèves surgelées
½ botte de ciboulette
7 cuil. à soupe d'huile d'olive
3 cuil. à soupe de jus de citron
3 pincées de piment d'Espelette
8 tomates confites
2 oignons rouges
sel et poivre

Astuces_ • Si vous aimez l'agneau rosé, diminuez le temps de cuisson à 3 min de chaque côté. • Si vos côtelettes d'agneau sont petites, prévoyez-en 3 par personne.

la botte secrète d'aude et leslie

Pour servir ces côtelettes façon grand chef, proposez-les avec un beurre moutardé : mixez 70 g de beurre avec 1 cuil. à soupe de moutarde forte. Salez et poivrez. Conservez au frais et au dernier moment, déposez 1 noisette sur chaque côtelette grillée... Mmm !

le verre de vin qui va bien

Le petit verre de rosé frais de Provence serait de bon ton ici. Déjà vu certes, mais si agréable (quand il est de bonne qualité).

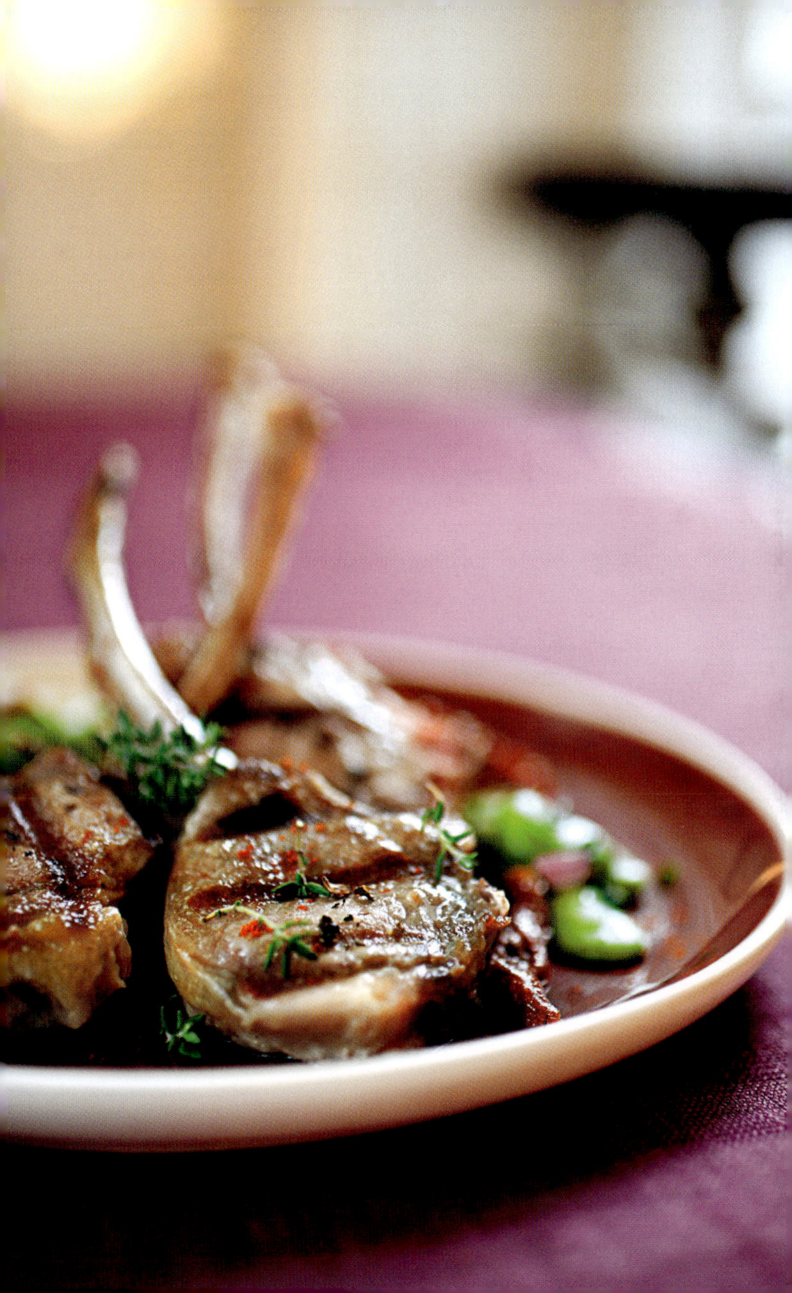

Poêlée de poulet et champignons des bois

PRÉPARATION 10 MIN I **CUISSON** 20 MIN I **COÛT** ★★ I **DIFFICULTÉ** ★★

→ CHAQUE ANNÉE, AU MOMENT DE LA CUEILLETTE DE CHAMPIGNON, C'EST LE MÊME RITUEL : TOUT LE MONDE MET LA MAIN À LA PÂTE PUIS... PLACE À LA DÉGUSTATION DE CETTE POÊLÉE AUTOMNALE !

1. Découpez le poulet en petits morceaux. Épluchez les échalotes et coupez-les finement. Épluchez la gousse d'ail après avoir ôté le germe et hachez-la.

2. Dans une grande poêle antiadhésive, faites chauffer 1 noisette de beurre. Ajoutez le poulet et laissez cuire 10 min environ en remuant régulièrement.

3. Pendant ce temps, nettoyez les champignons, séchez-les délicatement et coupez-les en tranches fines. Lavez et coupez finement le persil. Quand le poulet est cuit, réservez-le entre deux assiettes.

4. Dans la même poêle, faites chauffer la seconde noisette de beurre. Ajoutez les échalotes et faites-les revenir 2 min environ. Ajoutez les champignons et l'ail. Laissez cuire à feu vif 3 min jusqu'à ce que l'eau des champignons soit totalement évaporée. Versez le vin blanc et poursuivez la cuisson 1 min. Ajoutez la crème. Salez et poivrez. Laissez cuire à nouveau 3 min en remuant sans cesse.

5. Remettez le poulet dans la poêle et laissez cuire 1 min en mélangeant bien. Versez la préparation dans un plat et parsemez le tout de persil. Servez !

Les ingrédients pour 4 personnes
- 4 blancs de poulet
- 2 échalotes
- 1 gousse d'ail
- 2 noisettes de beurre
- 300 g de girolles
- 300 g de cèpes
- 4 brins de persil
- 2 cuil. à soupe de vin blanc
- 10 cl de crème liquide
- sel et poivre

Astuces_ • Pour gagner du temps, sachez qu'il existe des poêlées de champignons sauvages surgelés. • Pour laver les champignons, passez-les rapidement sous l'eau claire. Ne les laissez pas tremper, ils perdraient leurs minéraux.

Pour varier_ Essayez diverses variétés de champignons. Et pourquoi pas des trompettes-de-la-mort ?

le verre de vin qui va bien
Avec cette recette, cassez votre tirelire et sortez un pomerol.
Ce vin est passionnant : franc et complexe à la fois... Un pur plaisir.

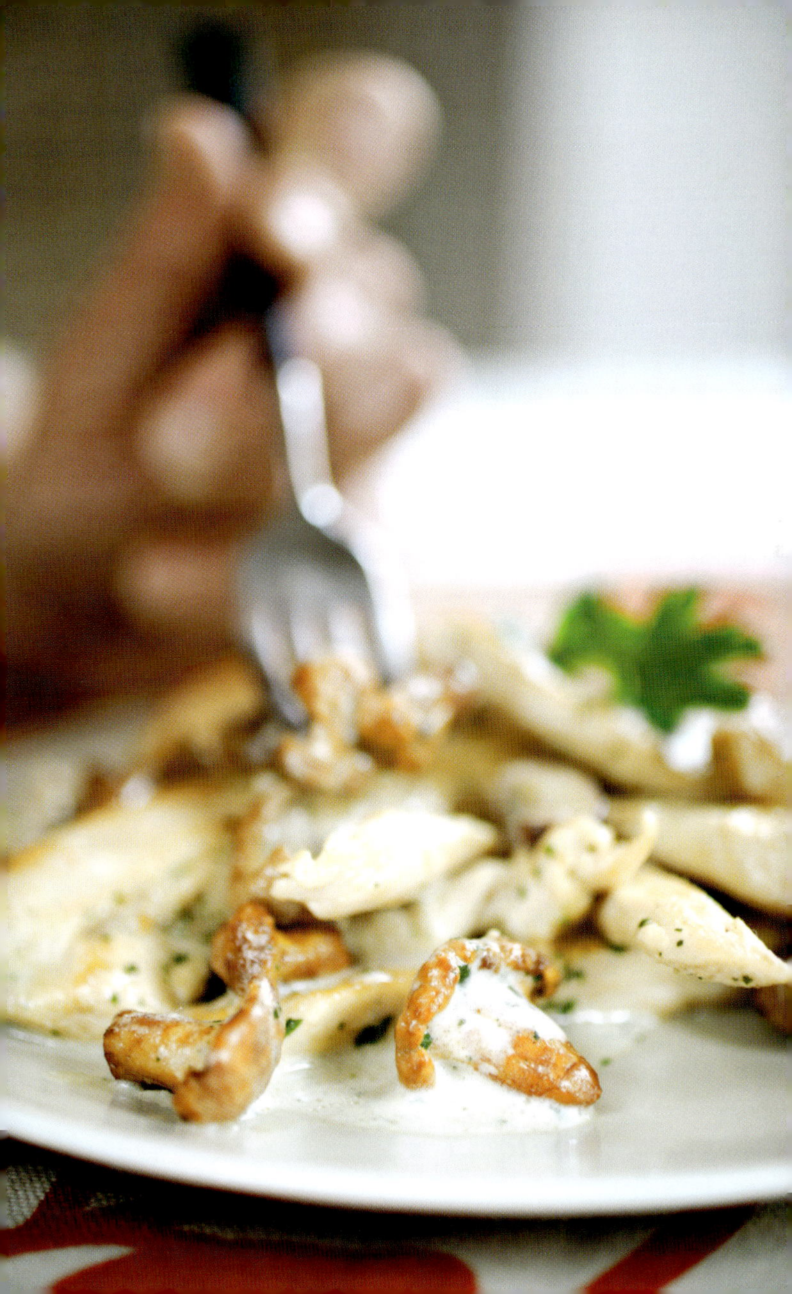

un plat salé en moins de 30 min

recette**pour**épater...

Nos nems de langoustines
PRÉPARATION 15 MIN I **CUISSON** 12 MIN I **COÛT** ★★ I **DIFFICULTÉ** ★★★

→ ON A GOÛTÉ DES NEMS DE LANGOUSTINES AU MARIAGE D'UNE COPINE...
ON A TELLEMENT AIMÉ QU'ON A CRÉÉ NOTRE PROPRE RECETTE.

1 Décortiquez les langoustines. Salez et poivrez. Détachez les feuilles de menthe et les feuilles de laitue. Lavez-les et séchez-les.

2 Pour réaliser vos nems, faites fondre le beurre au micro-ondes. Détachez délicatement les feuilles de brick et coupez-les en deux. Pliez ensuite chaque moitié en deux de façon à obtenir un quart de lune. Badigeonnez-les de beurre fondu à l'aide d'un pinceau alimentaire.

3 Préchauffez le four à 180 °C (th. 6). Entourez chaque langoustine de deux feuilles de menthe que vous placerez au centre de chaque quart de lune. Rabattez les deux extrémités pointues, puis roulez le nem sur lui-même.

4 Déposez les nems sur la plaque du four recouverte de papier sulfurisé. Dans un bol, battez à l'aide d'une fourchette les jaunes d'œuf. Badigeonnez-en chaque nem avec un pinceau alimentaire. Faites cuire au four 10 à 12 min.

5 À la sortie du four, déposez sur chaque assiette 3 nems, 3 feuilles de cœurs de laitue, quelques feuilles de menthe et un petit ramequin de sauce.

Les ingrédients pour 4 personnes
Pour les nems
12 grosses langoustines cuites
1 bouquet de menthe
12 petites feuilles de laitue
 (type sucrine ou cœur
 de laitue)
40 g de beurre
6 feuilles de brick
2 jaunes d'œuf
1 petite bouteille de sauce
 pour nems
sel et poivre

Astuces_ • Vous pouvez réaliser ces nems avec de grosses crevettes roses.
• Sachez qu'on trouve la sauce pour nems dans les rayons exotiques des supermarchés. • Si vous n'avez pas de papier sulfurisé, remplacez-le par du papier d'aluminium huilé ou beurré.

le verre de vin qui va bien
Proposez sans hésiter une bière chinoise bien fraîche, ni plus ni moins.

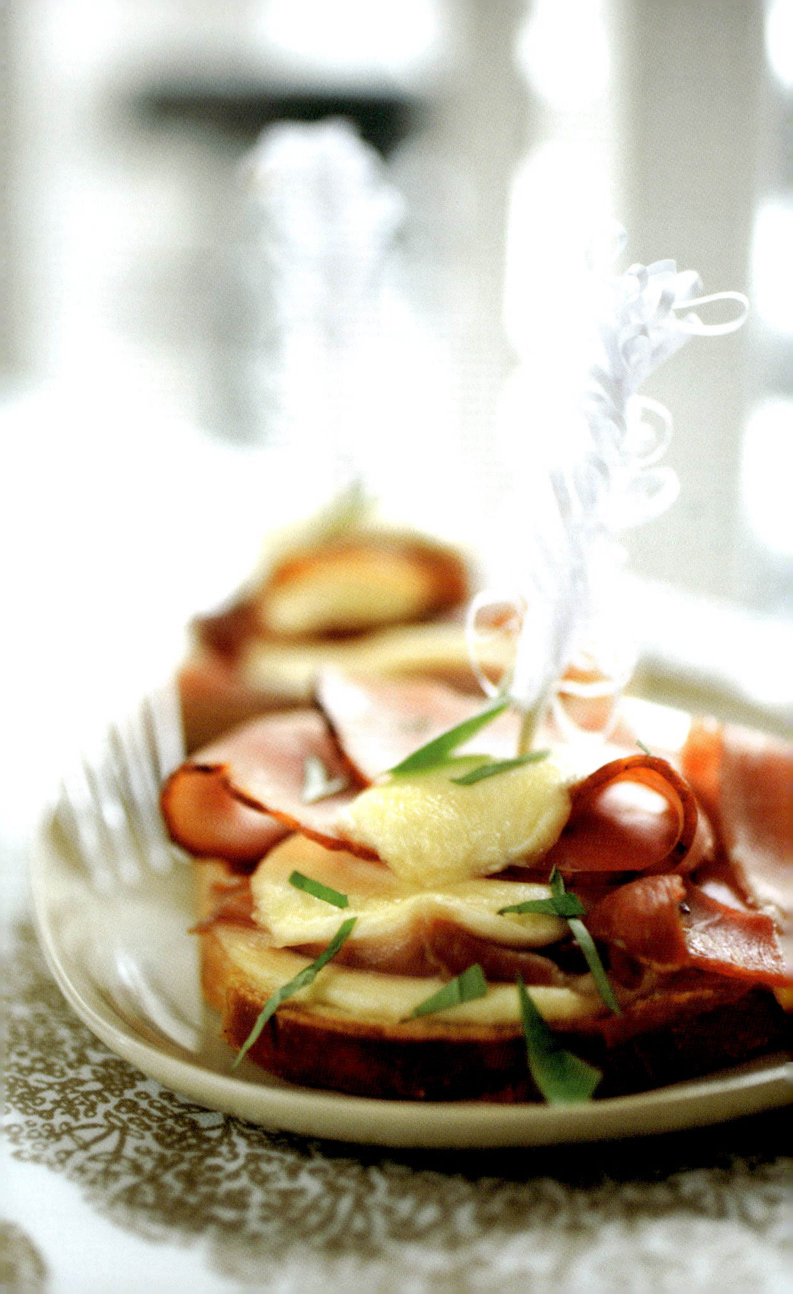

Croque-principessa

PRÉPARATION 10 MIN I **CUISSON** 15 MIN I **COÛT** ★ I **DIFFICULTÉ** ★

→ UN CROQUE INVENTÉ PAR UN MONSIEUR POUR SA PRINCESSE… QU'AUDE DÉVORE À CHAQUE FOIS À PLEINES DENTS.

1. Préchauffez le four à 210 °C (th. 7). Égouttez la mozzarella et coupez-la en tranches. Dégraissez les deux jambons et coupez chaque tranche en deux. Lavez et coupez finement le basilic. Tartinez les tranches de pain de mie avec le beurre d'un seul côté.

2. Pour monter vos croques, disposez sur la plaque du four recouverte de papier sulfurisé six tartines, face beurrée vers le haut. Ajoutez sur chaque base en couches successives une demi-tranche de jambon de Parme et quelques rondelles de mozzarella. Salez légèrement et poivrez généreusement. Ajoutez l'équivalent de 4 feuilles de basilic coupé, puis la demi-tranche de jambon aux herbes. Refermez les croques avec une tranche de pain de mie.

3. Arrosez le tout d'1 léger filet d'huile d'olive. Faites cuire au four 13 à 15 min environ jusqu'à ce que vos croques soient bien dorés.

Les ingrédients pour 6 personnes
- 3 boules de mozzarella
- 3 belles tranches de jambon de Parme
- 3 belles tranches de jambon aux herbes
- 24 feuilles de basilic
- 12 tranches de pain de mie
- 40 g de beurre
- 1 filet d'huile d'olive
- sel et poivre

Astuces_ • Pour tartiner facilement vos tranches de pain de mie, sortez le beurre du réfrigérateur 30 min avant de vous lancer dans la recette. Ou alors faites-le ramollir quelques secondes au micro-ondes. • Pour que vos croques-principessa soient croustillants des deux côtés, vous pouvez les retourner à mi-cuisson. • Si vous n'avez pas de papier sulfurisé, remplacez-le par du papier d'aluminium huilé ou beurré.

Pour varier_ Pour d'autres saveurs, n'hésitez pas à remplacer le basilic par du thym ou des herbes de Provence.

la botte secrète d'aude et leslie
Testez ce croque en remplaçant la mozzarella par des lamelles de gorgonzola. Rudement bon ! Dans ce cas-là, supprimez le sel.

un plat salé en moins de 30 min

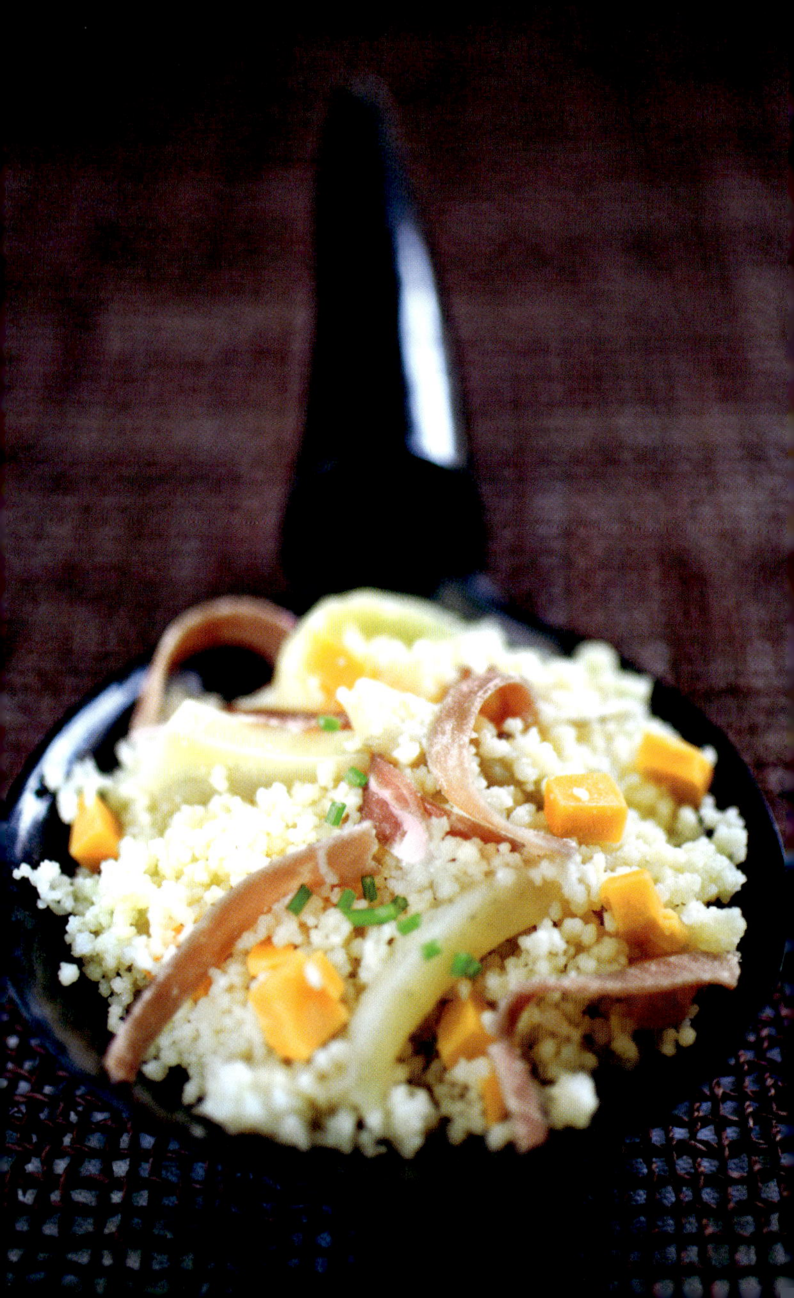

Mon couscous salade

PRÉPARATION 15 MIN | **CUISSON** 5 MIN | **COÛT** ★ | **DIFFICULTÉ** ★

→ ON A MIS TOUT CE QU'ON AIME DANS CETTE SALADE EXPRESS…
VOICI CE QUE ÇA DONNE !

1. Dans une casserole, portez à ébullition 20 cl d'eau (soit 1 verre à moutarde environ).
2. Pendant ce temps, égouttez les fonds d'artichaut et coupez-les en dés. Dégraissez le jambon et coupez-le en lanières à l'aide de ciseaux. Coupez la mimolette en dés. Lavez et coupez finement la ciboulette.
3. Quand l'eau bout, ajoutez le demi-cube de bouillon. Mélangez jusqu'à ce qu'il soit bien dissous. Hors du feu, ajoutez la semoule et la noix de beurre coupée en petits morceaux. Remuez bien et laissez gonfler la semoule 5 min environ jusqu'à ce que le liquide soit totalement absorbé. Laissez refroidir à température ambiante.
4. Dans un bol, mélangez l'huile et 1 pincée de sel. Ajoutez le vinaigre et la moutarde. Poivrez généreusement. Versez la semoule dans un saladier, puis les artichauts, le jambon, la mimolette et la ciboulette. Mélangez bien et servez avec la sauce à part.

Les ingrédients pour 4 personnes
Pour la salade
6 fonds d'artichaut en conserve
5 fines tranches de jambon de Parme
200 g de mimolette jeune
½ botte de ciboulette
½ cube de bouillon aux herbes
125 g de semoule de couscous
1 belle noix de beurre

Pour la sauce
7 cuil. à soupe d'huile d'olive
3 cuil. à soupe de vinaigre de vin blanc
1 cuil. à soupe de moutarde de Dijon
sel et poivre

Astuces_ • Cette recette est idéale en entrée pour 4 personnes. Si vous la servez en plat unique, prévoyez-la plutôt pour 2. • Vous pouvez remplacer le jambon cru par un jambonneau coupé en cubes ou des tranches de viande des Grisons. • Pour aller plus vite, faites chauffer les 20 cl d'eau à la bouilloire.

Pour varier_ Couscous salade avocat-crevette. Remplacez la mimolette par 1 bel avocat coupé en dés et le jambon cru par 1 barquette de crevettes roses décortiquées.

la botte secrète d'aude et leslie
Customisez votre couscous salade en le servant avec trois petits ramequins : pois chiches, tomates confites et raisins secs.

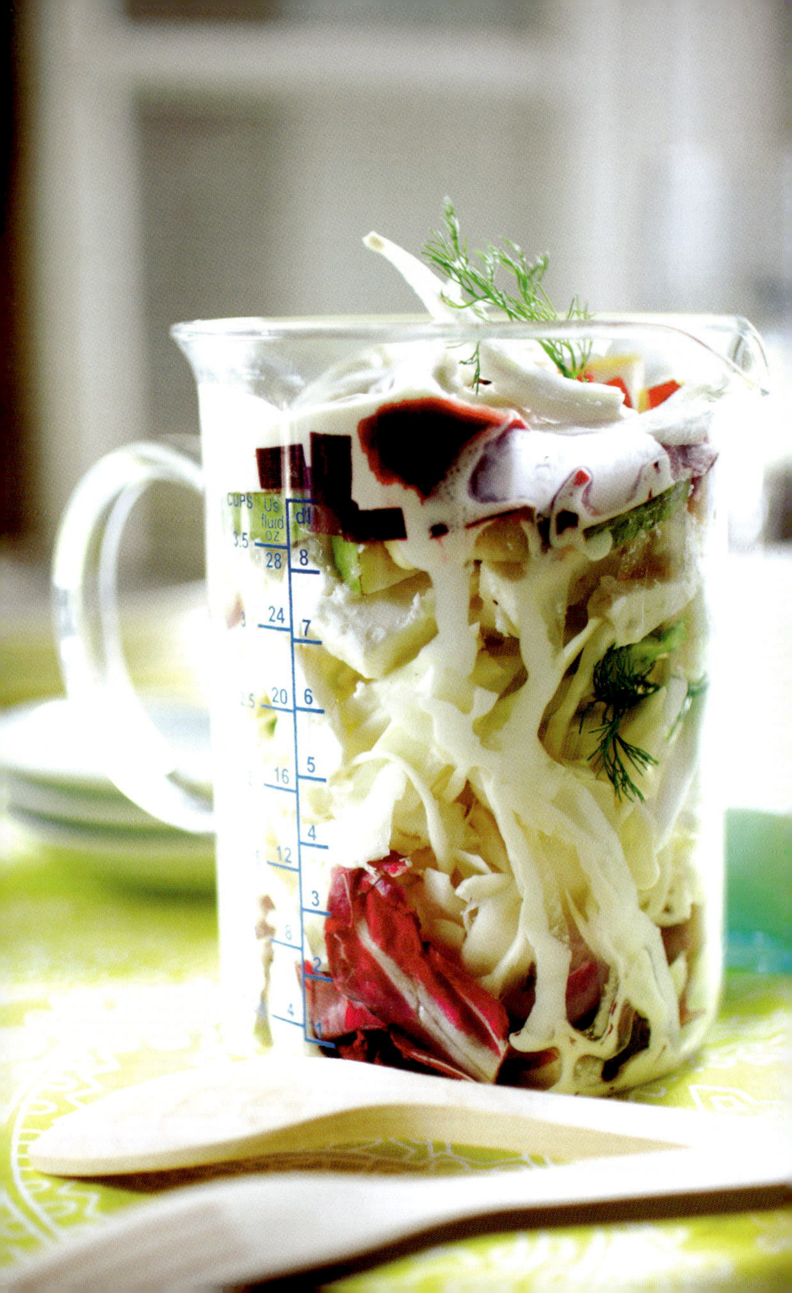
CUPS
US
fluid
oz.
dl
28
8
24
7
20
6
16
5
4
12
3
2
1

Salade bicolore

PRÉPARATION 25 MIN | COÛT ★ | DIFFICULTÉ ★

→ UNE SALADE TOUTE BLANCHE ET ROSE FUCHSIA… ON ADORE TOUTES LES DEUX JOUER SUR LES CONTRASTES DES COULEURS, ET ON PEUT VOUS LE GARANTIR : C'EST AUSSI BEAU QUE BON !

1 Éliminez le trognon et les premières feuilles du chou. Coupez-le ensuite en fines lanières à l'aide d'un bon couteau. Épluchez la pomme et coupez-la en petits morceaux.

2 Coupez la betterave en cubes. Égouttez la feta et coupez-la en morceaux. Lavez le fenouil, ôtez les tiges vertes et les premières feuilles si elles sont abîmées et coupez-le en petits morceaux. Lavez la trévise et essorez-la.

3 Dans un saladier, mélangez la mayonnaise avec le fromage blanc. Ajoutez le vinaigre et le sucre. Salez et poivrez. Ajoutez le chou, la pomme, le fenouil, la feta et la trévise. Mélangez bien. Déposez au centre les cubes de betterave afin qu'ils ne colorent pas toute la salade.

Les ingrédients pour 4 personnes

Pour la salade
400 g de chou blanc
1 pomme verte (granny smith)
1 betterave
220 g de feta
½ bulbe de fenouil
2 poignées de trévise

Pour la sauce
100 g de mayonnaise
100 g de fromage blanc
2 cuil. à soupe de vinaigre de vin
2 pincées de sucre en poudre
sel et poivre

Astuce_ Pour réussir vraiment l'effet visuel, servez la sauce à part.

Pour varier_ **Salade bicolore blanche et verte**. Remplacez la betterave et la trévise par 3 poignées de haricots verts cuits à la vapeur et 2 cœurs de laitue. • **Version *light***. Utilisez de la feta *light* et pour la sauce, préparez-la à base de fromage blanc allégé en supprimant la mayonnaise.

la botte secrète d'aude et leslie
Pour vos déjeuners entre copines, accompagnez cette salade 100 % équilibre d'1 verre de jus de betterave ou de lait de soja pour rester dans la thématique blanc et rose.

le tuyau de laurence
Pour une petite note douce, j'ajoute quelques raisins secs blonds. Vous pouvez aussi ajouter quelques noisettes concassées, c'est top !

Moelleux choco-praliné

PRÉPARATION 10 MIN | **CUISSON** 11 MIN | **COÛT** ★ | **DIFFICULTÉ** ★ |
MATÉRIEL SPÉCIFIQUE 4 RAMEQUINS

→ NOTRE MAROTTE ? TESTER TOUS LES MOELLEUX AU CHOCOLAT DE FRANCE ET DE NAVARRE… ON A D'AILLEURS NOTRE PROPRE CLASSEMENT. VOICI UNE RECETTE QUE NOTRE GOURMANDISE NOUS A INSPIRÉE ET QUI, CROYEZ-NOUS, MÉRITE D'ÊTRE TESTÉE.

1. Préchauffez le four à 200 °C (th. 6-7). Beurrez quatre ramequins. Dans un saladier, mélangez à l'aide d'une fourchette, les œufs entiers avec le sucre jusqu'à ce que la préparation blanchisse. Ajoutez la farine et le pralin d'une traite. Mélangez à nouveau.
2. Dans une casserole, faites fondre à feu doux le beurre avec le chocolat en morceaux. Hors du feu, versez le contenu du saladier dans la casserole. Mélangez, puis répartissez la préparation dans les ramequins.
3. Faites cuire au four 10 à 11 min environ. Démoulez délicatement à la sortie du four. Posez 2 noix de pécan au centre de chaque moelleux

Les ingrédients pour 4 personnes
- 1 noisette de beurre pour les ramequins
- 2 œufs
- 50 g de sucre en poudre
- 25 g de farine
- 2 cuil. à soupe de pralin
- 100 g de beurre
- 100 g de chocolat noir
- 8 noix de pécan

Astuces_ • La cuisson idéale ? Les bords doivent être bien cuits mais le cœur encore coulant. • Pour que le démoulage se passe au mieux, vous pouvez fariner les ramequins après les avoir beurrés.

la botte secrète d'aude et leslie
Pour les mordus de saveurs pralinées, ajoutez un carré de chocolat praliné au centre du moelleux avant la cuisson.

le tuyau de laurence
Servez ces super-moelleux avec de la crème anglaise et quelques fruits rouges. Pour la crème anglaise, il en existe des toute faites vraiment délicieuses, alors pourquoi se priver ?

le verre de vin qui va bien
Essayez le floc-de-gascogne, connu généralement des seuls amateurs…

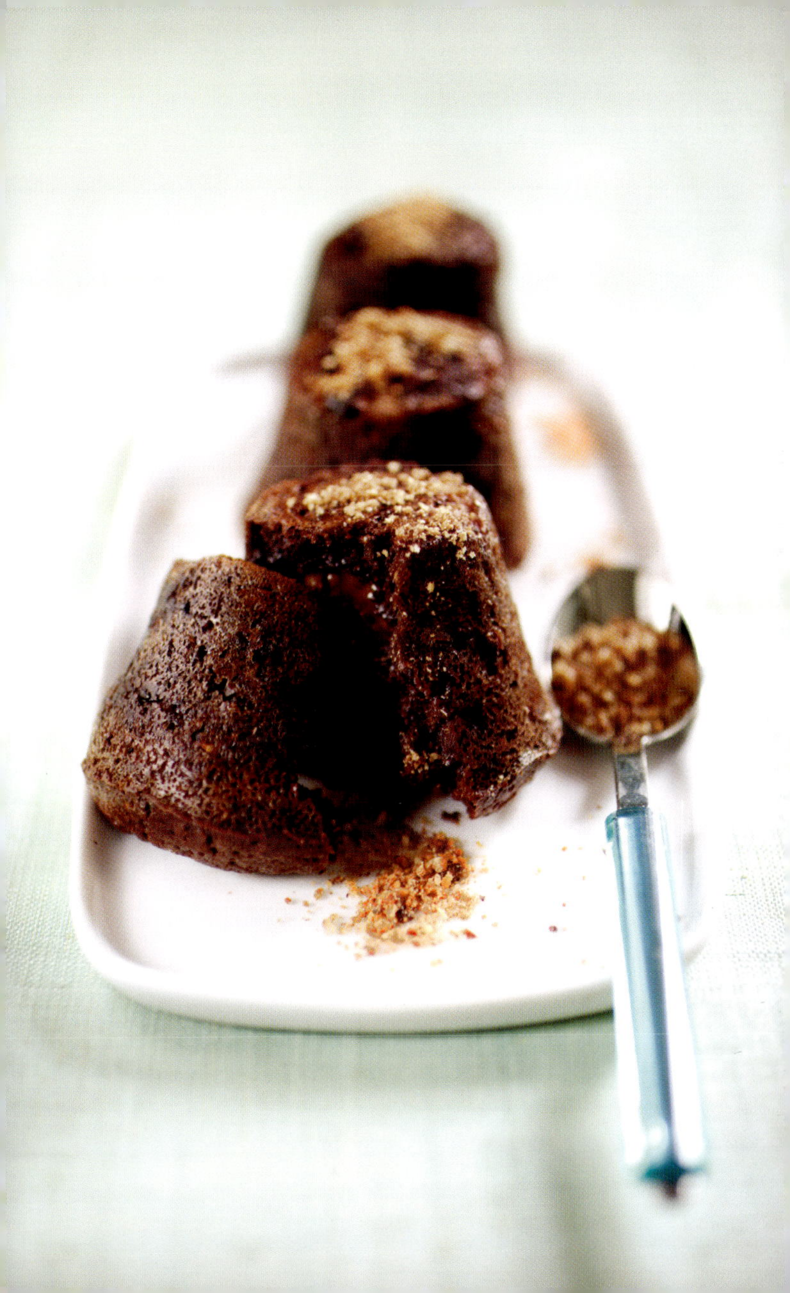

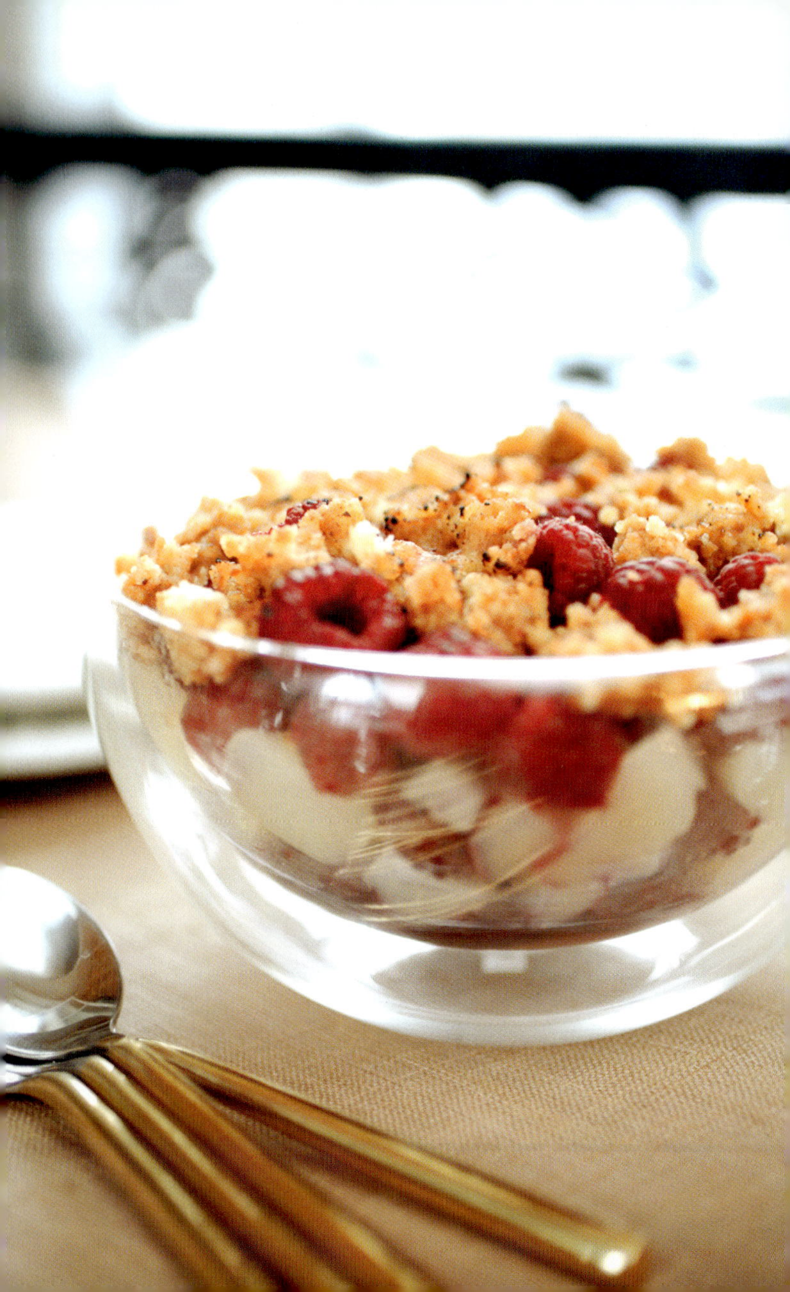

Gratin croustillant aux framboises

PRÉPARATION 15 MIN I **CUISSON** 15 MIN I **COÛT** ★ I **DIFFICULTÉ** ★

→ UN DESSERT À ACCOMPAGNER D'UNE BOULE DE GLACE ÉVIDEMMENT,
OU UNE ÉNOOORME NOISETTE DE CRÈME FRAÎCHE...

1. Préchauffez le four à 200 °C (th. 6-7). Rincez les framboises à l'eau claire et séchez-les en les déposant sur du papier absorbant. Épluchez les poires et coupez-les en morceaux. Répartissez les fruits dans le fond d'un moule, puis saupoudrez-les de sucre vanillé et de cannelle.

2. Émiettez les palets bretons dans un mortier ou à la main. Dans un saladier, mélangez les miettes de biscuits avec 4 cuil. à soupe d'eau jusqu'à obtenir une pâte sableuse.

3. Répartissez la pâte aux palets bretons sur les fruits en une couche régulière. Faites cuire au four 15 min environ jusqu'à ce que la pâte soit bien dorée. Servez tiède.

Les ingrédients pour 6 personnes
- 500 g de framboises
- 4 poires mûres
- 1 sachet de sucre vanillé
- 6 pincées de cannelle
- 2 paquets de palets bretons

Astuce_ Pour les becs sucrés, doublez les doses de sucre vanillé.

la botte secrète d'aude et leslie
Après avoir beurré le moule, saupoudrez-le de 3 cuil. à soupe de sucre en poudre. Ça donne un petit goût fou...

La coupe glacée qui tue !

PRÉPARATION 20 MIN | **COÛT** ★★ | **DIFFICULTÉ** ★ |
MATÉRIEL SPÉCIFIQUE 6 GRANDES COUPES

1 Pour le coulis, lavez et équeutez les 200 g de fraises. Rincez les framboises et les myrtilles. Puis passez les fruits au mixeur avec le jus de citron et le sucre glace. Placez le coulis au réfrigérateur.

2 Lavez et équeutez les 250 g de fraises, puis coupez-les en deux ou en quatre selon leur grosseur. Brisez les meringues en morceaux. Concassez grossièrement les pistaches dans un mortier.

3 Pour réaliser les six coupes : déposez en couches successives quelques éclats de meringue, 1 boule de sorbet à la framboise, 1 boule de glace à la vanille, quelques fraises, nappez généreusement de coulis et ajoutez la crème Chantilly. Puis parsemez le tout de pistaches concassées. Servez ces coupes accompagnées d'un pot avec le reste de coulis de fruits rouges.

Les ingrédients pour 6 personnes
Pour la coupe
250 g de fraises
2 meringues nature
2 poignées de pistaches non salées
6 boules de sorbet à la framboise
6 boules de glace à la vanille
1 petite bombe de chantilly

Pour le coulis
200 g de fraises
200 g de framboises
200 g de myrtilles
2 cuil. à soupe de jus de citron
70 g de sucre glace

Astuces_ • Si vous n'avez pas de mortier, placez vos pistaches dans un torchon et écrasez-les à l'aide d'un rouleau à pâtisserie ou d'un petit marteau. • Pour réaliser ce coulis en toute saison, utilisez des mélanges de fruits rouges surgelés. • Si vous aimez les coulis plus fluides, passez-les au tamis et ajoutez 2 cuil. à soupe d'eau. • Conservez vos coulis au réfrigérateur dans un bocal hermétique. Vous pouvez aussi les congeler (pas plus de 2 mois).

la botte secrète d'aude et leslie
Testez cette recette avec des macarons émiettés à la place de la meringue. Une variante qui se laisse croquer...

le truc de stéphan
Le jus de citron, en réagissant avec les pectines des fruits, tend à épaissir le coulis. N'hésitez pas à y ajouter un peu d'eau minérale bien froide.

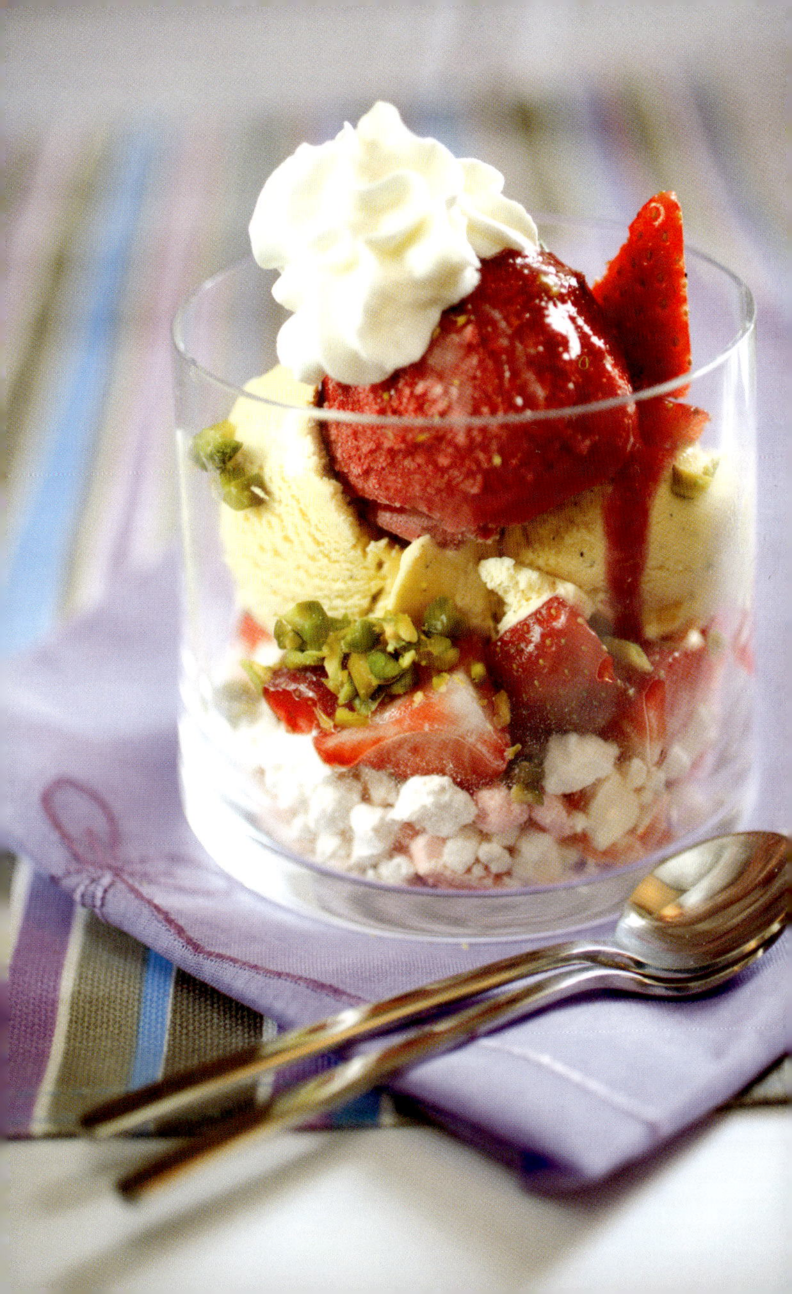

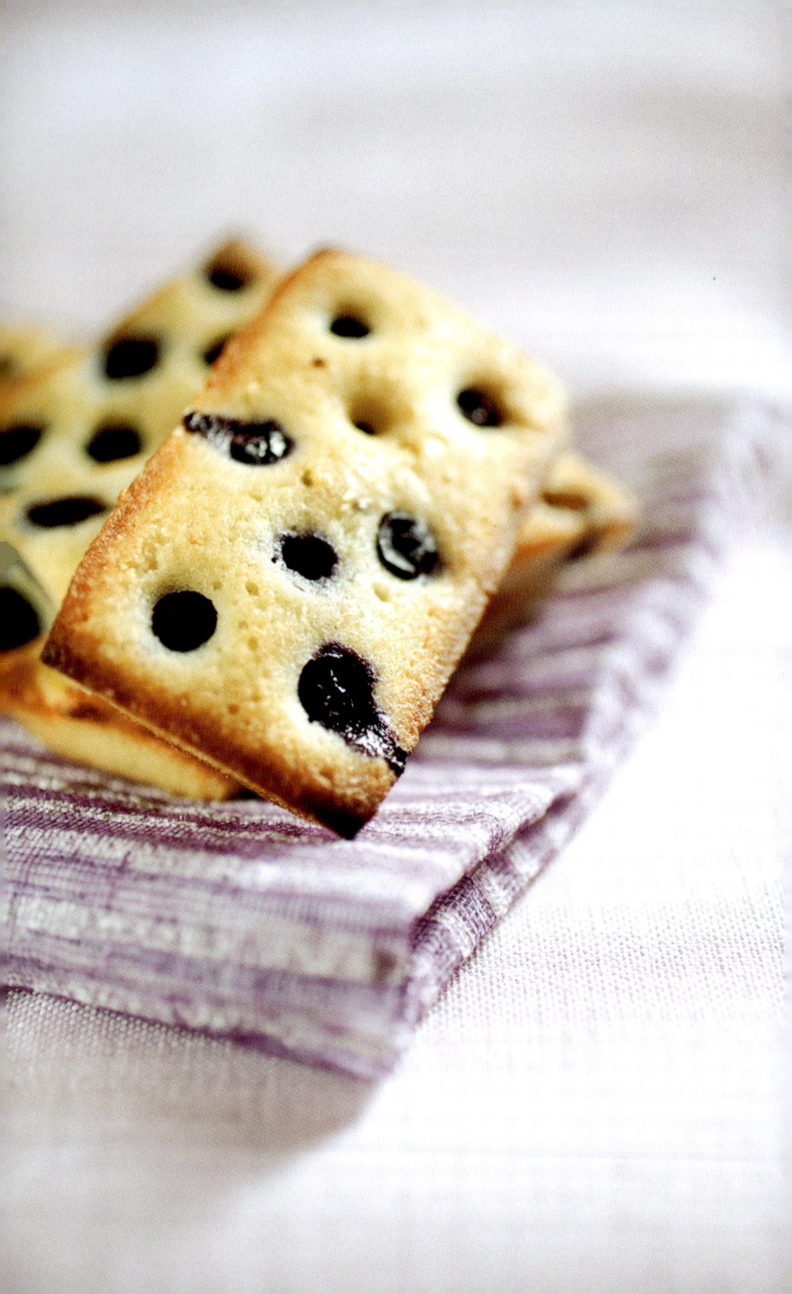

Financiers aux myrtilles

PRÉPARATION 10 MIN I **CUISSON** 12 MIN I **COÛT** ★ I **DIFFICULTÉ** ★ I
MATÉRIEL SPÉCIFIQUE MOULES À FINANCIERS

→ DES PETITS GÂTEAUX MAISON À DÉGUSTER À L'HEURE DU GOÛTER AVEC LES ENFANTS, POUR UN PETIT DÉJEUNER EN AMOUREUX OU POUR UN THÉ ENTRE COPINES.

1 Préchauffez le four à 210 °C (th. 7). Rincez les myrtilles et séchez-les délicatement en les déposant sur du papier absorbant. Faites fondre le beurre au micro-ondes.

2 Dans un saladier, mélangez la farine, la poudre d'amandes, le sucre glace et le sel. Ajoutez un à un les blancs d'œufs non battus. Mélangez bien. Ajoutez le beurre fondu. Mélangez à nouveau. Ajoutez les myrtilles dans la préparation.

3 Versez la pâte dans des moules à financiers beurrés et mettez au four 12 min environ. Démoulez sur une grille. Servez tiède ou froid.

Astuces_ • Si vous n'avez pas de moule à financiers, sachez que vous pouvez préparer cette recette dans un grand plat à gratin. • Pour un démoulage au top, utilisez des moules en silicone...

Les ingrédients pour 6 personnes (14 financiers environ)
- 80 g de myrtilles
- 100 g de beurre
- 60 g de farine
- 100 g de poudre d'amandes
- 150 g de sucre glace
- 4 blancs d'œufs
- 1 noisette de beurre pour les moules
- 1 pincée de sel

la botte secrète d'aude et leslie
Et quand ce n'est plus la saison des myrtilles, préparez vos financiers avec des petits morceaux de fruits confits ou même nature.

le tuyau de laurence
Si vous voulez bluffer vos potes, ajoutez 2 + ½ cuil. à café de poudre de thé vert Matcha : c'est délicieux et surtout la couleur est épatante.

le verre de vin qui va bien
Proposez un petit verre de frontignan bien frais. Très agréable.

un dessert en moins de 30 min

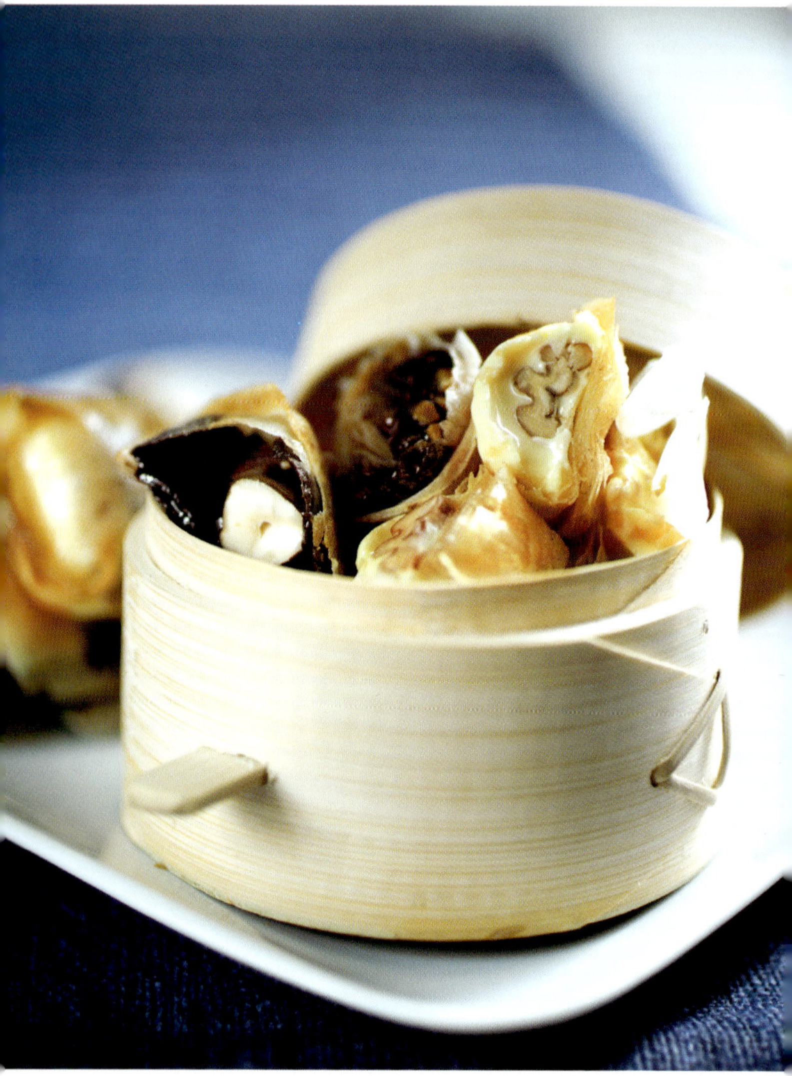

recettepourépater...

Quatuor de bonbons au chocolat

PRÉPARATION 15 MIN | **CUISSON** 12 MIN | **COÛT** ★ | **DIFFICULTÉ** ★★ |
MATÉRIEL SPÉCIFIQUE 24 CURE-DENTS

1 Préchauffez le four à 210 °C (th. 7). Faites fondre le beurre au micro-ondes. Détachez délicatement les feuilles de brick et coupez-les en quatre de façon à obtenir quatre quarts de lune. Puis badigeonnez-les de beurre fondu à l'aide d'un pinceau alimentaire.

2 Pour réaliser les bonbons au chocolat noir, déposez un carré de chocolat noir au milieu de chaque quart de lune. Ajoutez 1 noisette dans six d'entre eux et 1 belle pincée de pépites de caramel dans les six autres.

3 Répétez l'opération pour les bonbons au chocolat blanc, où vous ajouterez 1 noix de pécan pour six d'entre eux et 1 pincée de noix de coco râpée pour les six autres.

4 Pour refermer vos bonbons, il suffit de former des petites bourses que vous fixerez en piquant un cure-dent au travers.

5 Déposez vos bonbons sur la plaque du four recouverte de papier sulfurisé. Puis faites-les cuire au four 12 min environ jusqu'à ce qu'ils soient bien croustillants. Dégustez *illico presto*.

Les ingrédients pour 6 personnes (24 bonbons)
- 40 g de beurre
- 6 feuilles de bricks
- 12 carrés de chocolat noir
- 6 noisettes entières non salées
- 6 belles pincées de pépites de caramel
- 12 carrés de chocolat blanc
- 6 noix de pécan
- 6 pincées de noix de coco râpée

Astuce_ Sachez que vous trouverez des pépites de caramel (Vahiné) au rayon pâtisserie des supermarchés.

la botte secrète d'aude et leslie
Pour jouer sur les formes, servez-vous de la feuille de brick comme emballage de vrais bonbons en fixant les extrémités avec de la ficelle alimentaire (que vous enlèverez évidemment juste avant de servir). Trop beau !

le verre de vin qui va bien
Entre les quatuors de Beethoven et ceux au chocolat, le choix est difficile... mais pas nécessaire ! Servez les seconds avec un armagnac, ballons, bien sûr.

un dessert en moins de 30 min

Tartes fines aux mangues

PRÉPARATION 12 MIN I **CUISSON** 16 MIN I **COÛT** ★ I **DIFFICULTÉ** ★

→ AVEC UN FILET DE CARAMEL LIQUIDE, C'EST JUSTE DINGUE !

1 Préchauffez le four à 230 °C (th. 7-8). Étalez la pâte et découpez-y quatre disques identiques. Posez ces fonds de tarte sur la plaque du four recouverte de papier sulfurisé. Piquez-les ensuite à l'aide d'une fourchette. Recourbez très légèrement les bords et saupoudrez chaque disque d'1 cuil. à soupe bombée de sucre roux.

2 Épluchez les mangues et coupez-les en lamelles. Répartissez-les en rosace serrée sur les fonds de tarte. Saupoudrez de gingembre et de sucre en poudre. Taillez les noisettes de beurre en petits copeaux que vous répartirez sur les tartelettes. Mettez au four 16 min environ en baissant la température du four à 200 °C (th. 6-7) à mi-cuisson. Servez tiède.

Les ingrédients pour 4 personnes
- 1 pâte feuilletée toute prête
- 4 cuil. à soupe bombées de sucre roux
- 2 mangues mûres
- 4 pincées de gingembre en poudre
- 4 cuil. à soupe de sucre en poudre
- 4 belles noisettes de beurre

Astuce_ Pensez à utiliser un bol retourné pour découper les quatre disques dans la pâte.

la botte secrète d'aude et leslie
Encore meilleur avec du gingembre frais râpé !

le truc de stéphan
Allez, frimez : faites flambez ces tartes fines devant vos convives avec un peu de rhum blanc additionné des petites graines noires d'une gousse de vanille.

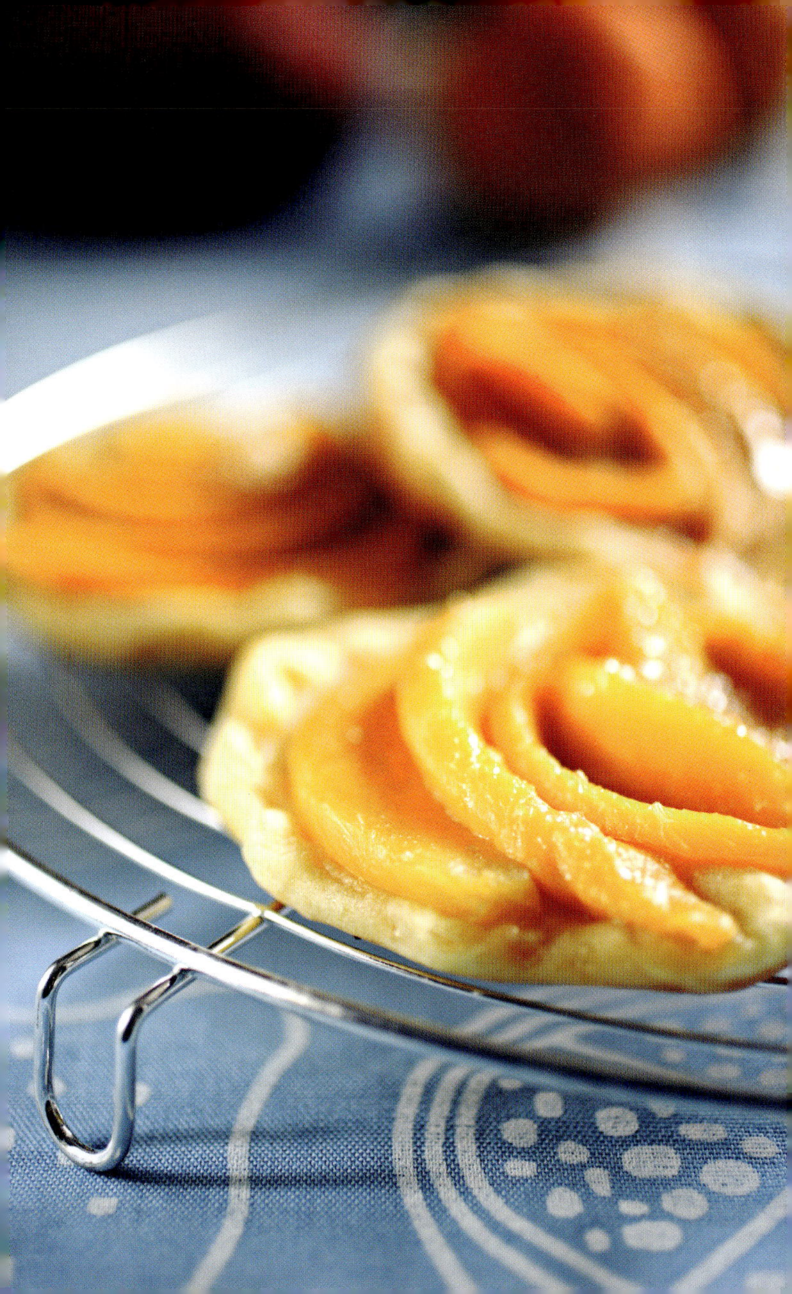

Gâteau moelleux aux abricots

PRÉPARATION 8 MIN **I CUISSON** 22 MIN **I COÛT** ★ **I DIFFICULTÉ** ★ **I**
MATÉRIEL SPÉCIFIQUE 4 RAMEQUINS

1. Préchauffez le four à 210 °C (th. 7). Lavez les abricots, coupez-les en deux et ôtez leur noyau. Beurrez quatre ramequins.

2. Faites fondre le beurre au micro-ondes. Dans un saladier, mélangez le beurre fondu avec la poudre de noisettes et le sucre. Ajoutez les œufs entiers, puis la crème liquide. Mélangez bien.

3. Répartissez 4 demi-abricots dans chaque ramequin. Versez la pâte sur les fruits et mettez au four 20 à 22 min environ. Servez vos mini-gâteaux tièdes saupoudrés de sucre glace.

Les ingrédients pour 4 personnes
- 8 abricots mûrs
- 1 noisette de beurre pour les ramequins
- 75 g de beurre
- 75 g de poudre de noisettes
- 70 g de sucre roux
- 2 œufs
- 2 cuil. à soupe de crème liquide
- sucre glace

Astuces_ • Pour gagner du temps, utilisez des abricots au sirop.
• Vos mini-gâteaux sont prêts quand ils sont bien dorés. S'ils ont tendance à brunir trop vite, couvrez-les d'une feuille de papier d'aluminium et réduisez légèrement la température du four. • Ne démoulez pas ces gâteaux, ils se mangent directement dans les ramequins.

Pour varier_ Vous pouvez remplacer les abricots par des cubes de poires et la poudre de noisettes par de la poudre d'amandes.

le verre de vin qui va bien
Un tout petit verre d'un alcool de prune ou de mirabelle.

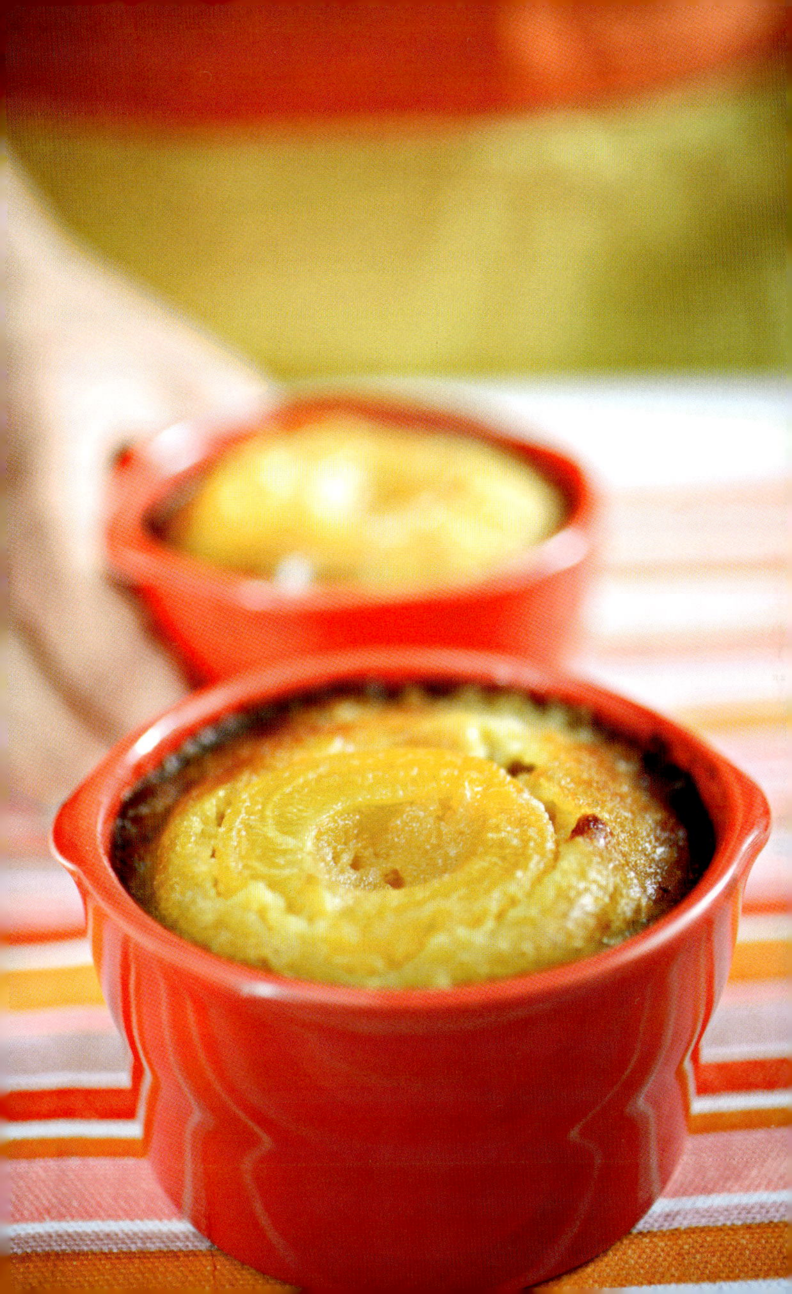

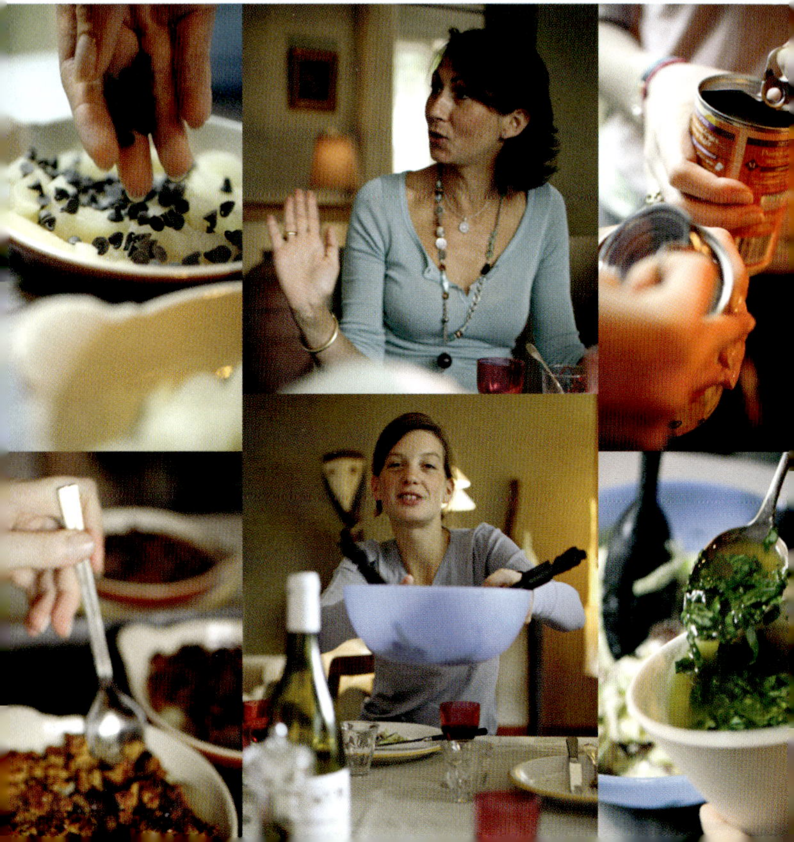

je veux en savoir plus !

3 sauces de dernière minute / VOUS ÉCHAPPEREZ AUX TRAVAUX MANUELS POUR LES COUPER FINEMENT / Les ingrédients pour 18 pièces / préparer votre vinaigrette à l'avance / gruyère râpé, cubes de feta à l'huile d'olive / Pamplemousses gratinés au romarin / un ou deux bacs de glace aux parfums sympas / DANS UN BOL, DÉPOSEZ TOUS LES INGRÉDIENTS / deux bonnes bouteilles de vin / fruits au sirop / 3 desserts minute / À la sortie du four, lissez bien votre chocolat / le réflexe surgelé / en les roulant dans le creux de vos mains / METTRE LA TABLE LA VEILLE / du parmesan soit déjà râpé, soit sous forme de copeaux / METTEZ AU FOUR 8 MIN ENVIRON / Idée 1 = un filet de miel liquide + quelques pignons de pin + noix de pécan émiettées / Bouchée abricot - reblochon / DU BON PAIN AU CONGÉLATEUR / Sauce au cognac

Je veux la technique !

Les 15 astuces pour gagner du temps

- **Pensez à mettre la table la veille** quand vous recevez des copains. Et pour gagner du temps dans la préparation de vos apéros, déposez chaque paquet de gâteaux apéros ou de chips dans le récipient adapté. Vous n'aurez plus qu'à les ouvrir au dernier moment.

- **Cuisinez vos recettes en double**, vous aurez ainsi la possibilité d'en congeler la moitié. À vous les bons petits plats à réchauffer à la dernière minute.

- Prenez l'habitude d'**utiliser des fines herbes surgelées**, même dans vos recettes froides. Vous échapperez aux travaux manuels pour les couper finement...

- Pour vos salades, **utilisez de la salade toute prête**, des carottes râpées ou du chou blanc émincé en sachet, disponibles au rayon salades des supermarchés.

- Dans vos quiches et salades, **remplacez les blancs de poulet grillés par des dés de volaille** vendus en barquette. Idem pour les lardons grillés que vous pouvez troquer contre des cubes de jambon blanc. Parfait pour échapper au temps de cuisson.

- **Pensez à préparer votre vinaigrette à l'avance** en grande quantité. Vous pouvez alors la conserver dans une bouteille ou un bocal au réfrigérateur. Juste avant de servir, il vous suffira de secouer énergiquement la vinaigrette avant de la verser sur votre salade.

- Dès que vous devez faire cuire des pâtes, des pommes de terre ou du riz, **faites bouillir l'eau à la bouilloire** avant de la transvaser dans une casserole pour la cuisson.

- Plutôt qu'un bloc de parmesan, achetez selon les besoins de la recette du **parmesan** soit **déjà râpé**, soit sous forme de copeaux. Idéal pour les carpaccios et autres pasta de dernière minute. On en trouve dans les fromageries ou au rayon frais des supermarchés.

- **Faites fondre le chocolat au micro-ondes**. Il suffit de placer le chocolat cassé en morceaux dans un récipient (passant au micro-ondes !). Comptez 1 à 2 min selon les quantités. À la sortie du four, lissez bien votre chocolat fondu à l'aide d'une spatule. Vous pouvez même ajouter 1 petite cuil. à café d'huile d'arachide pour le rendre lisse et brillant.

- **Adoptez le réflexe surgelé** en ayant dans votre congélateur quelques produits de base prêt-à-l'emploi : ail et oignons, poivrons, aubergines, petits pois, carottes, épinards, fruits rouges... Plus besoin ainsi ni d'éplucher, ni de couper.

- **Pour vos desserts de dernière minute**, ayez toujours sous la main un ou deux bacs de glace aux parfums sympas et un paquet de petits gâteaux.

- **Misez sur les ingrédients précuits** : riz, semoule ou blé ; ou encore des pâtes fraîches dont la cuisson n'excède pas 2 min.

- **Pour toutes vos recettes à base de tomates pelées** : choisissez des tomates bien mûres, vous n'aurez alors pas besoin de les plonger dans l'eau bouillante pour les peler. Vous pouvez aussi opter pour des tomates pelées en conserve.

- **Misez sur les ingrédients qui font gagner du temps** : fruits au sirop (pêches, poires, ananas ou abricots), gruyère râpé, cubes de feta à l'huile d'olive, pâtes à tarte toute prêtes (brisée, feuilletée sans oublier la pâte à pizza), feuilles de brick, poivrons en bocal, cœurs d'artichaut en conserve, sauce pesto toute prête, coulis de tomate...

- Et **pour ne jamais être pris de cours**, ayez toujours du bon pain au congélateur (à décongeler au four ou dans un toaster) et deux bonnes bouteilles de vin (blanc et rouge).

je veux la technique !

Les petits plus de la cuisine express

3 bouchées apéro express...

Bouchée abricot - coulommiers
Les ingrédients pour 24 pièces
24 abricots secs
½ coulommiers (ou reblochon)
poivre

1. Coupez les abricots en deux sans aller jusqu'au bout.
2. Ôtez la croûte du coulommiers et découpez-le en 24 lichettes. Poivrez-les.
3. Glissez à l'intérieur de chaque abricot une lichette de coulommiers.

Mini-blinis au saumon
Les ingrédients pour 18 pièces
18 mini-blinis
2 pots d'œufs de saumon
18 cuil. à café rases de fromage frais (type Saint Môret)

1. Préchauffez le four à 180 °C (th. 6). Sur la plaque du four recouverte de papier d'aluminium, répartissez les blinis. Mettez au four 4 à 5 min environ.
2. Quand les blinis sont sortis du four, ajoutez successivement sur chaque bouchée 1 cuil. à café de fromage frais et 1 cuil. à café d'œufs de saumon.

Duo de figues et chèvre
Les ingrédients pour 24 pièces

24 figues sèches
300 g de chèvre frais (type Chavroux)
2 cuil. à café de paprika doux en poudre
3 pincées de piment d'Espelette
poivre

1. Coupez les figues en deux, sans aller jusqu'au bout.
2. Dans un bol, mélangez le chèvre avec le paprika et le piment d'Espelette. Poivrez. Formez 24 boulettes de chèvre.
3. Puis farcissez chaque figue d'1 boulette.

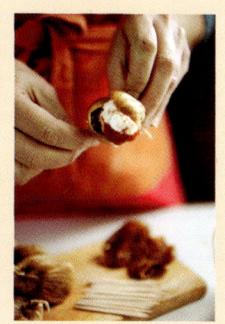

3 sauces de dernière minute

Sauce *light*
Les ingrédients

2 yaourts crémeux nature (type Crème de yaourt)
2 cuil. à soupe de mayonnaise
1 cuil. à soupe de moutarde forte
3 pincées de curry en poudre
sel et poivre

Dans un bol, mélangez les yaourts avec la mayonnaise, la moutarde et le curry. Salez, poivrez et c'est prêt !

→ Pour assaisonner vos sandwiches, tremper les crudités, accompagner un poulet froid ou remplacer la mayonnaise avec les fruits de mer.

je veux la technique !

Vinaigrette au miel

Les ingrédients

1 cuil. à soupe de miel liquide
4 cuil. à soupe d'huile de tournesol
2 cuil. à soupe de jus de citron
1 cuil. à soupe de vinaigre de cidre
1 cuil. à café de moutarde forte
poivre

Dans un bol, déposez tous les ingrédients et mélangez jusqu'à ce que le miel soit bien dissous.

→ Pour assaisonner les légumes vapeur, les carottes râpées, les salades sucrées-salées ou encore les salades de chèvre chaud.

Sauce au cognac

Les ingrédients

2 cuil. à soupe de cognac
25 cl de crème fraîche
1 cuil. à soupe de poivre vert au vinaigre
1 cuil. à soupe d'estragon ciselé surgelé
sel et poivre

1. Déglacez les sucs de cuisson de votre viande en versant le cognac dans la poêle qui a servi à la cuisson de la viande. Faites chauffer le tout à feu doux en remuant avec une cuillère en bois.

2. Ajoutez ensuite la crème et le poivre vert égoutté. Salez et laissez chauffer la sauce quelques instants. Ajoutez l'estragon et servez *illico presto*.

→ Pour accompagner vos magrets ou aiguillettes de canard, bavette et steaks en tout genre.

3 desserts minute

Madeleines glacées

Il suffit de couper le chapeau de la madeleine en creusant légèrement l'intérieur et d'y déposer 1 petite boule de glace. Pour un dessert au top, comptez 2 madeleines par personne.

Idée 1 = 1 boule de glace à la vanille + 1 boule de sorbet à la framboise + quelques framboises fraîches + 1 noisette de chantilly.

Idée 2 = 1 boule de glace à la noisette + 1 boule de glace au praliné + 1 filet de caramel + quelques noisettes concassées.
Idée 3 = 1 boule de glace au chocolat + 1 boule de sorbet à la poire + 1 coulis de chocolat + des cookies émiettés.

Fromage blanc customisé

Selon vos envies et vos fonds de placard, ajoutez au choix sur votre fromage blanc :

Idée 1 = 1 filet de miel liquide + quelques pignons de pin + noix de pécan émiettées.
Idée 2 = 1 coulis de fruits rouges + quelques amandes effilées + des pistaches concassées.
Idée 3 = de la crème de marron + des spéculoos émiettés.

Pamplemousses gratinés au romarin

Les ingrédients pour 6 personnes
3 pamplemousses roses
6 cuil. à café de sucre en poudre
4 belles pincées de romarin
6 cuil. à café de miel liquide

1. Préchauffez le gril du four. Coupez les pamplemousses en deux. Déposez les quatre demi-pamplemousses sur la plaque du four.
2. Saupoudrez chaque demi-pamplemousse de sucre et de romarin. Versez le miel. Mettez au four 8 min environ. Servez sans attendre.

je veux la technique !

À garder sous le coude

s'en sortir sans balance

→ Ce tableau vous donne les principales équivalences poids et volumes pour les ingrédients les plus courants.

Ingrédients	1 cuil. à café	1 cuil. à soupe	1 verre à moutarde
Beurre	7 g	20 g	–
Cacao en poudre	5 g	10 g	90 g
Crème épaisse	1,5 cl	4 cl	20 cl
Crème liquide	0,7 cl	2 cl	20 cl
Farine	3 g	10 g	100 g
Gruyère râpé	4 g	12 g	65 g
Liquides divers (eau, huile, vinaigre, alcools)	0,7 cl	2 cl	20 cl
Maïzena	3 g	10 g	100 g
Poudre d'amandes	6 g	15 g	75 g
Raisins secs	8 g	30 g	110 g
Riz	7 g	20 g	150 g
Sel	5 g	15 g	–
Semoule, couscous	5 g	15 g	150 g
Sucre en poudre	5 g	15 g	150 g
Sucre glace	3 g	10 g	110 g

Mesurer vos liquides

1 verre à liqueur = 3 cl
1 tasse à café = 8 à 10 cl
1 verre à moutarde = 20 cl
1 bol = 35 cl

Pour info

1 œuf = 50 g
1 noisette de beurre = 5 g
1 noix de beurre = 15 à 20 g

bien régler son four

→ Pas facile de connaître la température dans un four ! Voici une table très simple à utiliser et valable pour la plupart des appareils vendus dans le commerce.

Température (°C)	30	60	90	120	150	180	210	240	270
Thermostat	1	2	3	4	5	6	7	8	9

→ Les temps de cuisson donnés dans les recettes peuvent varier légèrement selon les types d'appareils. En effet, dans un four à chaleur tournante, les plats cuisent de manière plus homogène et plus vite que dans les fours qui chauffent à partir d'une source (four à gaz, four électrique).

Rappelez-vous aussi que pour réaliser une bonne cuisson, un préchauffage est toujours nécessaire.

les indispensables en cuisine

→ Pour cuisiner entre potes ou pour des popotes sans souci, il faut avoir sous la main quelques produits tout simples, faciles à trouver.
Voici une petite liste de « basiques », grâce auxquels vous pourrez faire la grande majorité des recettes de cette collection.

Dans le placard

Épices
- Cannelle
- Coriandre
- Cumin
- Curry
- Gingembre
- Herbes de Provence
- Mélange quatre-épices
- Noix de muscade
- Paprika
- Poivre du moulin et concassé
- Thym
- Vanille en gousse

Liquides
- Huiles de tournesol, d'olive, de sésame et de noix
- Rhum (pour la pâtisserie)
- Vinaigres de vin, blanc, balsamique et de xérès
- Vin rouge et blanc sec

à garder sous le coude

Condiments
- Moutarde forte et à l'ancienne
- Moutardes parfumées (à l'estragon, au poivre vert)
- Sauce *pesto*
- Sauce soja
- Sel fin et gros sel
- Tabasco
- Tapenade d'olives noires

Et aussi
- Amandes effilées
- Anchois, thon et sardines à l'huile d'olive
- Bouillon cube
- Câpres
- Chocolat à cuire et chocolat en poudre
- Cornichons
- Farine
- Fruits secs (amandes, raisins, pignons, noisettes, abricots, figues)
- Lait de coco
- Levure chimique
- Maïzena
- Miel
- Olives en boîte
- Pâtes de toutes formes
- Poudre de noisettes et poudre d'amandes
- Riz rond et riz parfumé
- Semoule
- Sucre en poudre, sucre glace et sucre vanillé
- Tomates en boîte, concentrées et séchées en bocal

Dans le réfrigérateur

Légumes
- Ail
- Carottes
- Citrons
- Échalotes
- Oignons
- Pommes de terre
- Tomates

Laitages et œufs
- Beurre
- Crème liquide
- Fromage frais
- Lait
- Œufs
- Parmesan

Et aussi
- Feuilles de brick
- Pâtes à tarte (brisée, sablée, feuilletée)

Dans le congélateur

Herbes et épices hachées
- Aneth
- Basilic
- Ciboulette
- Coriandre
- Gingembre haché
- Persil

Légumes
- Champignons de Paris
- Épinards
- Petits pois
- Tiges de citronnelle

Et aussi
- Pâtes à tarte (brisée, sablée, feuilletée)

avoir le bon matériel

→ Pas besoin de grand-chose pour faire de grandes recettes !
Voici une petite liste d'ustensiles à avoir dans la cuisine.

Cuire
- Casseroles (une grande et une petite)
- Moules à tarte et à pâtisserie
- Marmite en fonte
- Plaque à rôtir
- Poêles à fond antiadhésif (une grande et une petite)
- Wok (éventuellement)

Couper
- Aiguiseur à couteaux
- Couteau économe
- Gros couteau dit « éminceur »
- Petit couteau
- Petite planche à découper en plastique

Mélanger
- Saladiers
- Cuillères en bois
- Fouet
- Spatules

Divers
- Batteur électrique
- Essoreuse à salade
- Ficelle de cuisine
- Mixeur
- Passoires (une fine, une plus grosse), ou chinois
- Rouleau à pâtisserie
- Verre-doseur

Table des recettes

Retrouvez en couleur les « recettes pour épater ».

AIGUILLETTES DE CANARD AU MIEL..	22
BAGEL NORDIQUE	36
BAR À L'ANETH..	31
CÔTELETTES D'AGNEAU AU THYM ET SALADE DE FÈVES DE STÉPHAN	84
CREVETTES SAUTÉES À L'AIL ET AUX FINES HERBES...........................	19
CROQUE-PRINCIPESSA..	91
CRUMBLE POIRE-CHOCO ET PAIN D'ÉPICE	51
ÉMINCÉ DE BŒUF AU CINQ-ÉPICES..	81
ESCALOPES DE FOIE GRAS POÊLÉES..	21
FILET DE BŒUF, SAUCE À LA MOUTARDE	39
FINANCIERS AUX MYRTILLES...	103
FRAISES ET FRAMBOISES POÊLÉES AU SUCRE ET À LA VANILLE........	58
GÂTEAU MOELLEUX AUX ABRICOTS	108
GRATIN CROUSTILLANT AUX FRAMBOISES..	99
L'INCONTOURNABLE CARPACCIO DE BŒUF	35
LA COUPE GLACÉE QUI TUE !...	100
MINI-TATINS DE POMMES AU CHÈVRE CHAUD	70
MOELLEUX CHOCO-PRALINÉ	96
MON COUSCOUS SALADE..	93
MON TARTARE DE SAUMON	10
MOULES DE BOUCHOT À LA CRÈME	77
NOS NEMS DE LANGOUSTINES	89
ŒUFS COCOTTE AU ROQUEFORT	75
OMELETTE *SPICY* AU CHORIZO	28

PAPILLOTE DE LOTTE, CITRON VERT ET PERSIL PLAT	**82**
PAPILLOTES DE FIGUES À LA CANNELLE	**53**
PAVÉ DE CABILLAUD À LA PANCETTA	**24**
PÊCHES PRALINÉES RÔTIES AU MIEL	**55**
PENNES AUX 3 FROMAGES ET AUX NOISETTES	**32**
PENNES AUX POIVRONS, OLIVES ET PARMESAN	**62**
PIZZA TOMATES CERISE ET MOZZARELLA	**66**
POÊLÉE DE POULET ET CHAMPIGNONS DES BOIS	**86**
POULET CURRY-COCO	**65**
PROFITEROLES MINUTE	**48**
QUATUOR DE BONBONS AU CHOCOLAT	105
SALADE BICOLORE	**95**
SALADE DE FARFALLES, ROQUETTE, FETA ET TOMATES SÉCHÉES	**46**
SALADE DE KIWIS, CREVETTES, PAMPLEMOUSSES & CO.	**14**
SANDWICH MOELLEUX AU THON	**45**
SOUPE AU CHOCOLAT ET SES CIGARETTES RUSSES FARCIES DE CHANTILLY	**61**
SOUPE CRÉMEUSE AUX ARTICHAUTS ET MOUILLETTES DE FOIE GRAS DE LAURENCE	**69**
STEAK DE THON AU POIVRE ET SAUCE MINUTE À LA CORIANDRE	**27**
TAGLIATELLES AU JAMBON DE PARME ET PARMESAN	**42**
TAGLIATELLES DE COURGETTE, FETA ET MAGRET DE CANARD	**16**
TARTARE DE THON, AVOCAT ET TOMATES FRAÎCHES	**73**
TARTES FINES AUX MANGUES	**106**
TARTELETTES DE COURGETTES, THYM ET PÉLARDON	**78**
TARTINES DE REBLOCHON ET JAMBON SERRANO	**13**
TARTINES DE VIANDE DES GRISONS ET TOMME DE BREBIS	**40**
TIRAMISU POIRE-NUTELLA®	**56**

Table des matières

UN PLAT SALÉ EN MOINS DE 15 MIN

MON TARTARE DE SAUMON	10
TARTINES DE REBLOCHON ET JAMBON SERRANO	13
SALADE DE KIWIS, CREVETTES, PAMPLEMOUSSES & CO.	14
TAGLIATELLES DE COURGETTE, FETA ET MAGRET DE CANARD	16
CREVETTES SAUTÉES À L'AIL ET AUX FINES HERBES	19
ESCALOPES DE FOIE GRAS POÊLÉES	21
AIGUILLETTES DE CANARD AU MIEL	22
PAVÉ DE CABILLAUD À LA PANCETTA	24
STEAK DE THON AU POIVRE ET SAUCE MINUTE À LA CORIANDRE	27
OMELETTE *SPICY* AU CHORIZO	28
BAR À L'ANETH	31
PENNES AUX 3 FROMAGES ET AUX NOISETTES	32
L'INCONTOURNABLE CARPACCIO DE BŒUF	35
BAGEL NORDIQUE	36
FILET DE BŒUF, SAUCE À LA MOUTARDE	39
TARTINES DE VIANDE DES GRISONS ET TOMME DE BREBIS	40
TAGLIATELLES AU JAMBON DE PARME ET PARMESAN	42
SANDWICH MOELLEUX AU THON	45
SALADE DE FARFALLES, ROQUETTE, FETA ET TOMATES SÉCHÉES	46

UN DESSERT EN MOINS DE 15 MIN

PROFITEROLES MINUTE	48
CRUMBLE POIRE-CHOCO ET PAIN D'ÉPICE	51
PAPILLOTES DE FIGUES À LA CANNELLE	53
PÊCHES PRALINÉES RÔTIES AU MIEL	55
TIRAMISU POIRE-NUTELLA®	56
FRAISES ET FRAMBOISES POÊLÉES AU SUCRE ET À LA VANILLE	58
SOUPE AU CHOCOLAT ET SES CIGARETTES RUSSES FARCIES DE CHANTILLY	61

UN PLAT SALÉ EN MOINS DE 30 MIN

PENNES AUX POIVRONS, OLIVES ET PARMESAN	62
POULET CURRY-COCO	65
PIZZA TOMATES CERISE ET MOZZARELLA	66
SOUPE CRÉMEUSE AUX ARTICHAUTS ET MOUILLETTES DE FOIE GRAS DE LAURENCE	69

MINI-TATINS DE POMMES AU CHÈVRE CHAUD	**70**
TARTARE DE THON, AVOCAT ET TOMATES FRAÎCHES	**73**
ŒUFS COCOTTE AU ROQUEFORT	**75**
MOULES DE BOUCHOT À LA CRÈME	**77**
TARTELETTES DE COURGETTES, THYM ET PÉLARDON	**78**
ÉMINCÉ DE BŒUF AU CINQ-ÉPICES	**81**
PAPILLOTE DE LOTTE, CITRON VERT ET PERSIL PLAT	**82**
CÔTELETTES D'AGNEAU AU THYM ET SALADE DE FÈVES DE STÉPHAN	**84**
POÊLÉE DE POULET ET CHAMPIGNONS DES BOIS	**86**
NOS NEMS DE LANGOUSTINES	**89**
CROQUE-PRINCIPESSA	**91**
MON COUSCOUS SALADE	**93**
SALADE BICOLORE	**95**

UN DESSERT EN MOINS DE 30 MIN

MOELLEUX CHOCO-PRALINÉ	**96**
GRATIN CROUSTILLANT AUX FRAMBOISES	**99**
LA COUPE GLACÉE QUI TUE !	**100**
FINANCIERS AUX MYRTILLES	**103**
QUATUOR DE BONBONS AU CHOCOLAT	**105**
TARTES FINES AUX MANGUES	**106**
GÂTEAU MOELLEUX AUX ABRICOTS	**108**

JE VEUX LA TECHNIQUE !

LES 15 ASTUCES POUR GAGNER DU TEMPS	**112**
LES PETITS PLUS DE LA CUISINE EXPRESS	**114**

À GARDER SOUS LE COUDE

S'EN SORTIR SANS BALANCE	**118**
BIEN RÉGLER SON FOUR	**119**
LES INDISPENSABLES EN CUISINE	**119**
AVOIR LE BON MATÉRIEL	**121**

TABLE DES RECETTES **122**

Ma recette qui dépote...

Remerciements

Mille mercis à Laurence et Stéphan, nos deux complices de la Popote, Brigitte une éditrice carrément géniale, Raphaële, Mélanie, Johanna et Camille, la fine équipe d'Hachette.
Mais aussi Crado et Crapoto, Malo, Laetie, Marion, Sophie et Elisa, tous nos copains pour avoir joué les cobayes, nos sœurs, Foufou, Laura et Matias ; et évidemment nos parents qui ont su faire de nous de bonnes vivantes.
Sans oublier Flocon et Routoutou, toujours partants pour finir les restes !

Aude & Leslie

Lissa Streeter à John Bentham : « Thanks honey ! de nous avoir reçus chez toi pour faire les photos de ce livre. Humour, complicité et les plats de Colline : c'était inoubliable ! ».

Elle remercie également les boutiques suivantes pour leur collaboration :
Bambou au Bon Marché : p. 12 et 57 (assiette) ; BHV : pp. 11 (bol), 50 (bol) ; Bodum : pp. 34 (planche à découper), 43 (assiette en bois), 98 (bol en verre Pyrex), 101 et 108 (sets), 112 (bols en verre et couvercles pour micro-ondes), 113 (bol en verre) ; Chiliwich chez Zéro One One : p. 15 et 26 (sets) ; Coming B : p. 23 (assiette), 64 (bol) ; Cova chez Corner Shop : p. 23 (couverts) ; Habitat : pp. 26 et 85 (assiette), 57 (verres), 88 (assiette en verre), 43 et 92 (sets) ; IKEA : pp. 17 (boîtes en bois), 18 et 44 (piques transparentes et serviettes en papier), 25 (assiette), 41, 90, 87 et 107 (sets), 94 (verseur en verre) ; Jacaranda Tree à Thônes en Haute-Savoie : p. 68 (bol en cerisier) ; Kitchen Bazaar : pp. 29, 33 et 49 (bols en caoutchouc) ; Lafayette Maison : pp. 30 (assiettes) et 64 (serviettes) ; Maison Sauvage : p. 20 (assiette) ; Monoprix : pp. 74 et 109 (bols à gratiner) ; Nomade : p. 72 (cuillers à salade) ; Paris Musées : pp. 37 (set en carrelage), 47 (assiette en mélamine), 60 (assiette en mélamine et tasses) ; Poitiron : p. 59 (verres) ; Villeroy & Boch : p. 54 (bol en verre).

Toutes les photos de reportage ont été réalisées par Philippe Vaurès-Santamaria.

Direction, Jean-François Moruzzi et Pierre-Jean Furet
Responsable éditoriale, Brigitte Éveno
Conception graphique, Dune Lunel
Réalisation, Les PAOistes
Coordination et suivi éditorial, Raphaële Huard et Mélanie Le Neillon
Fabrication, Amélie Latsch
Partenariats, Sophie Augereau (01 43 92 36 82)

L'éditeur remercie Jennifer Joly pour son aide précieuse et ses relectures attentives.

© 2006, HACHETTE LIVRE (Hachette Pratique)

Imprimé en Chine par SNP leefung Printers Limited.